主　编　徐耀新　　副主编　刘谨胜

精彩江苏 | Wonderful Jiangsu |
历史文化名城名镇名村系列

古里镇

江苏人民出版社

图书在版编目（CIP）数据

历史文化名城名镇名村系列.古里镇/徐耀新主编.——南京：江苏人民出版社，2017.11
（"精彩江苏"丛书）
ISBN 978-7-214-21525-3

Ⅰ.①历… Ⅱ.①徐… Ⅲ.①乡镇–介绍–常熟 Ⅳ.①K925.3

中国版本图书馆CIP数据核字（2017）第284912号

书　　　名	历史文化名城名镇名村系列·古里镇
主　　　编	徐耀新
策 划 编 辑	戴宁宁
责 任 编 辑	强　薇
装 帧 设 计	刘萃萃
出 版 发 行	江苏人民出版社
出版社地址	南京市湖南路1号A楼，邮编：210009
出版社网址	http://www.jspph.com
照　　　排	江苏凤凰制版有限公司
印　　　刷	江苏凤凰新华印务有限公司
开　　　本	889毫米×1 194毫米　1/32
印　　　张	4.375　插页　2
字　　　数	72千字
版　　　次	2018年10月第1版　2018年10月第1次印刷
标 准 书 号	ISBN 978-7-214-21525-3
定　　　价	42.00元

（江苏人民出版社图书凡印装错误可向承印厂调换）

"精彩江苏"丛书总编委会

总编委会主任：徐耀新

总编委会副主任：方标军

总编委会委员：徐耀新　吴晓林　裴　旭
　　　　　　　龚　良　方标军　刘爱华
　　　　　　　马　宁　徐小跃　周京新
　　　　　　　刘谨胜　嵇亚林　韩显红
　　　　　　　徐循华　孙　虎　刁仁昌
　　　　　　　杨福良　高成富　荣凯元
　　　　　　　李　杰　徐国祥　田　明
　　　　　　　张冲林　季德荣　季培均
　　　　　　　周文娟　钱建网　武　倩

"历史文化名城名镇名村系列"编委会

主　任：徐耀新
副主任：刘谨胜
委　员：姚文中　李虎仁　张　超　颜一平　宗　翡
　　　　韩　峰　周晓东　尹占群　王倚海　李　倩
　　　　孙为祥　华德荣　张志耕　黄正良

"历史文化名城名镇名村系列"编辑部

成　员：管世俊　盛志伟　楚小庆　陈朋光　管若松
　　　　陈建国　宋长善　李亦墨　马晓平　樊媛媛
　　　　王　蔚　樊继健　陈超然

本书撰稿：邹养鹤

"精彩江苏"丛书总序

江苏省省长　吴政隆

中华文化源远流长,在5000多年文明发展中孕育的优秀传统文化,在党和人民伟大斗争中孕育的革命文化和社会主义先进文化,积淀着中华民族最深层的精神追求,代表着中华民族独特的精神标识。

江苏是中华文明的重要发祥地之一,在这片美丽富饶的土地上,黄河文明和长江文明交汇融合,自然景观与人文景观交相辉映,孕育了具有鲜明特色的地域文化。无论是诸多自然景观还是各类古迹遗存,都散发着浓郁的文化气息，承载着厚重的文化记忆。纵观楚汉文化、吴文化、金陵文化、淮扬文化以及京口文化、江海文化、海盐文化，无一不因精彩而得以世代传承，无一不是我们讲好江苏故事的生动素材。

江苏多出文化精品。在悠久的历史文化长河中，创造了南京云锦、宜兴紫砂、扬州漆器、苏州刺绣、惠山泥人、江南丝竹等享誉海内外的艺术精品和精湛技艺。源于江苏的中国最古老剧种——昆曲，已有600多年历史，集诗、乐、歌、舞、戏之美于一身，被誉为"百戏之祖"。目前，我省共有10个项目入选联合国教科文组织人类非物质文化遗产代表作名录，146个项目入选国家级非物质文化遗产名录，这些都是人类文化的共同财富。

江苏多产文化名家。历史上名人辈出、名篇纷呈，孙武的《孙子兵法》、枚乘的《七发》、刘义庆的《世说新语》、刘勰的《文心雕龙》、施耐庵的《水浒传》、吴承恩的《西游记》、冯梦龙的"三言"、曹雪芹的《红楼梦》、刘鹗的《老残游记》等众多鸿篇巨著均在中华文化典藏中熠熠生辉，吴门画派、金陵画派、扬州画派及上世纪60年代形成的新金陵画派各呈风神，顾恺之、张旭、沈周、龚贤、郑板桥等古代书画家，以及徐悲鸿、刘海粟、陈之佛、李可染、傅抱石、林散之等现当代书画家均享誉世界。

江苏多有文化遗存。拥有世界文化遗产3处、全国重点文物保护单位226处、各级各类博物馆292家，不可移动文物超过2万处，国有可移动文物近百万件（套）。拥有国家历史文化名城13座，大运河江苏段是沿线文化遗产最密集、类型最丰富的河段。江苏还有着丰富的红色文化资源，很多革命先辈在这里留下战斗的足迹，形成了雨花英烈精神、铁军精神等具有江苏特色的红色文化品牌。

党的十九大报告指出，文化兴国运兴，文化强民族强。没有高度的文化自信，没有文化的繁荣兴盛，就没有中华民族伟大复兴。江苏优秀传统文化是我们世代传承的文化根脉、文化基因，不仅铸就了历史的辉煌，而且在今天仍然闪耀着时代的光芒，是我们坚定文化自信的深厚基础。我们要以习近平新时代中国特色社会主义思想为指引，深入挖掘优秀传统文化蕴含的思想观念、人文精神、道德规范，进一步坚定文化自信，推动社会主义文化繁荣兴盛。

省文化厅组织编写"精彩江苏"丛书，内容涵盖历史文化名城名镇名村、地方戏曲、书画艺术、红色文化等多个方面，是江苏优秀传统文化的集中展示，也是延展千年文脉、推动文化建设、凝聚精神力量的创新实践。希望"精彩江苏"丛书高水平讲好江苏故事，让小小"口袋书"发挥大作用，让一代一代江苏人更好地品味缕缕书香、延续文化记忆，让江苏的历史遗存和传统文化在新时代绽放新的精彩，为书写新时代中国特色社会主义伟大事业江苏新篇章提供强大精神动力和文化支撑。

留住"乡愁"
——"历史文化名城名镇名村系列"序

徐耀新

"举头望明月,低头思故乡";"露从今夜白,月是故乡明"。李、杜的这两句千古名诗,表达了中国人的乡愁情结。乡愁是对故乡永远的思念和情愫,是割不断的文化记忆。习近平总书记在2013年中央城镇化工作会议上指出,要让人"望得见山、看得见水、记得住乡愁",这一重要论述指明了在城镇化历史巨变中要努力留住"乡愁"的方向。历史文化名城名镇名村承载着厚重的历史记忆,传承着丰富的文化传统,彰显着浓郁的地域文化,是"乡愁"的重要载体。

作为华夏长江文化的发祥地之一,江苏孕育并保存了一批特色鲜明、底蕴深厚的历史文化名城

名镇名村,它们的历史和特征可概括为如下几点:

数量领先。江苏现有50个国家级历史文化名城名镇名村,总量位居全国各省(区、市)前列。2016年,高邮市被国务院列为国家历史文化名城,成为我省第13个、全国第130个国家历史文化名城,江苏数量位居全国第一。目前,全省拥有中国历史文化名镇27个,中国历史文化名村10个,有省级历史文化名城4个、名镇13个、名村8个。

文化多元。从地域上来看,江苏历史文化总体上南秀北雄、吴楚分明,使江苏历史文化名城名镇名村呈现出文化的多样性。例如:国家历史文化名城苏州是吴文化的中心城市,其文化特质是上善若水、柔中蓄劲、人巧天工,赋予了中华儿女"杏花春雨江南"的家园情怀;国家历史文化名城徐州是楚汉文化的中心城市,其文化特质则迥异于苏州,表现为刚强雄浑、尚武崇文、勇于竞争。

风貌各异。江苏境内山水平原交错,河流湖泊纵横,临水建城,倚山建乡,数千年的文化积淀形成了独特的古城古镇古村风貌。"君到姑苏见,人家尽枕河。古宫闲地少,水港小桥多。"苏州至今仍保留着"水陆并行、河街相邻"的格局风貌。"尽道隋亡为此河,至今千里赖通波",京杭大运河流经我省8座国家历史文化名城、19座中国历史文化名镇、7座中国历史文化名村，沿线人口稠密、城镇密集、经济繁荣、文化昌盛，有着独特的自然人文景观。苏州的古典园林、镇江的宋元古街、扬州的明清老巷、泰州的明清民居等令人驻足，留连忘返。

类型多样。 江苏的历史文化名城大致可分为五种类型：古都型（南京）、传统风貌型（苏州）、风景名胜型（无锡、扬州、镇江、常熟）、一般史迹型（徐州、常州）、近代史迹型（南通）、特殊职能型（淮安、泰州、宜兴、高邮）；名镇名村也可分为五种类型：乡土民俗型（周庄、淳溪等）、传统文化型（溱潼、凤凰等）、革命历史型（黄桥、沙家浜等）、商贸交通型（孟河、礼社等）、名人故里型（陆巷等）。

保护好江苏历史文化名城名镇名村的特色，延续好江苏历史文化名城名镇名村的传统格局和历史风貌，就能为我们的家园情怀留下栖息之所。只有留住"乡愁"，才能"记得住乡愁"。江苏省第十三次党代会把推进新型城镇化和城乡发展一体化作为经济转型升级的重要内容，明确要求大力保护历史文化名城名镇名村。保护和利用好江苏历史文化名城名镇名村，最重要的是传承历史文化、保持自身特色，防止千城一面、千篇一律，杜绝盲目破坏性开发建设。要加强历史文化名城名镇名村传统文化的挖掘和整理，提炼传统文化符号；尊重历史文化名城名镇名村中人与环境、人与自然和谐相处的生产生活方式；充分发掘传统艺术、传统民俗、人文典故、地域风情等非物质文化资源，彰显城乡传统建筑、城镇历史街区和乡村农耕水利、生态环境的独特魅力。

编撰"精彩江苏"丛书之"历史文化名城名镇名村系列"，是提炼江苏历史文化符号的切实举措，是创新开展江苏历史文化资源研究的具体实践，对于充分展示江苏地方特色文化、打造"精彩江苏"文化品牌具有重要意义。本系列共50本，涵盖我省50座国家级历史文化名城名镇名村，兼具文学性与史学性，展现了江苏历史演变中岁月累积的文化智慧与古物风貌，彰显了江苏人民的文化自信与自觉。丛书采用"口袋本"的形式，深入浅出，图文并茂，装帧精美，便携易读。

期待通过丛书的传播与利用，进一步宣传好、保护好、开发好江苏历史文化名城名镇名村，激发江苏人民群众爱国爱乡情怀，让江苏优秀传统文化永续传承、焕发新春！

2017年秋于南京

（本序作者系江苏省文化厅党组书记、厅长，博士、教授）

目 录

引 言 /001

第一章 菰稗渔网村闹市 /001
  第一节 起源及建置沿革 /003
  第二节 河道街道之变迁 /005

第二章 文化醇厚积淀深 /013
  第一节 风景名胜 /013
  第二节 明清古建 /026
  第三节 革命遗址 /037
  第四节 文物遗存 /041
  第五节 非物质文化 /047

第三章 风物掌故话传奇 /059
  第一节 岁时习俗 /059
  第二节 掌故传说 /070
  第三节 特色美食 /076

第四章　地灵物华出英才 /083

　第一节　本地名人 /083

　第二节　客籍名人 /100

第五章　坚守根脉显华彰 /105

　第一节　文化街区魅姿秀 /106

　第二节　古刹梵音声渺渺 /110

　第三节　工业农耕翼双飞 /113

参考书目 /119

后　记 /120

引 言

古里镇，位于常熟市东部，东临上海、南接苏州、西壤无锡、北靠长江。境内河流众多，白茆塘贯穿全境，古镇地处青墩塘、三丫港、清水港三水汇集之处，204国道穿越古里境内，与苏嘉杭高速、常昆高速、四环路相交，水陆交通便捷。（图1）

古里，素有"仁风古里"之美誉，拥有享誉海内外的中国清代四大藏书楼之一的"铁琴铜剑楼"，有完整的独具江南特色的明清建筑群，国家级非物质文化遗产代表作有"白茆山歌"，是"中国历史文化名镇"（图2）"中国民间文化艺术之乡"（图3），先后获得"国家卫生镇""全国环境优美镇""中国人居范例奖"（图4）等荣誉称号。

第一章
菰稗渔网村闹市

古镇河道纵横,港汊相交,水上舟楫,往来穿梭。青墩塘穿镇而过横贯东西,东西港河将古镇紧紧怀抱,因水成街,因水成市,因水成镇。街坊临河而筑,人们依水而居,街市繁荣,水陆交通便利,"绕岸一湾溪水绿,当门十里菜花香,垂柳又垂杨",一派浓郁的江南水乡风情。

图1 古里镇鸟瞰图

图2　中国历史文化名镇

图3　中国民间文化艺术之乡

图4　人居范例奖

第一节　起源及建置沿革

古里原称村，民间因"古""湖"谐音，所以也有"湖里墩"之说。镇西有避湖泾（现名"西港"）与青墩塘沟通。据《宋元方志丛刊·琴川志》载，宋代此处地势低洼，人烟稀少，多年草木丛生，故称"菰里村"。由于河网密布，水路汇集成了渔民停靠及集散所在，元末明初形成了集镇。明代《陶退庵先生集》中始用"罟"字，改称"罟里村"。清道光十三年（1833），邑尊张公绶组书匾额"古里仁风"，始见"古里"两字，沿用至今。民国23年（1934），古里行政区划为镇级。

商末，周太王古公亶父之子泰伯、仲雍让国南来，建勾吴古国，北临大江，古里地区为古吴属地。公元前222年，秦灭楚，镇域隶会稽郡吴县。东汉，古里地区隶属常熟的虞乡、南沙乡。南北朝时，隶属海虞县、常熟县。唐代、北宋、南宋、元代、明代地属开元、思政、双凤、积善。清代，常熟初属江南省苏州府，建江苏省后，属江苏省苏州府。清雍正四年（1726）划常熟县东境置昭文县，下设开元、思政、端委、双凤、积善五乡，古里分属昭文县开元、双凤。宣统三年（1911）武昌起义爆发，同年9月17日常熟、昭文两县合并为常熟县，古里回归常熟县。

民国元年（1912）全县仍辖35个市、乡，古里境内设置白茆乡、罟苏乡、虹桥乡。民国二十八年（1939），改由县直辖乡。民国三十年（1941），日伪发动大规模"清乡"，再次改划区、乡，一直维持到伪政权瓦解，是时全县改为10个区，古里镇、苏尖乡、鲇鱼乡、南洙乡、钱仓乡属第一区。

沦陷时期，中国共产党在苏常太建立敌后抗日根据地，分别建立民主政权，常熟县建10个区，苏州县建5个区，为东唐市直属镇。现古里境内属常熟县梅南区、苏州县唐市区、李白区。

1949年4月，常熟解放后，全县分建7个区。古里分属唐市区、梅李区。

1950年3月，常熟县、市人民政府调整了区和乡镇的设置。县境划分为14个区，辖218个乡。古里境内分属古苏区、梅李区、唐市区。1956年，常熟县、市的行政区划作了较大的更动和调整。全县改划为8个区，古里分属古里、支塘两区。1957年9月，县实行撤区并乡，全县划为44个大乡。古里境域属古里、白茆、淼泉三乡。1958年9月，乡改为人民公社。1983年3月起，实行公社改乡制，公社又改称为乡。1992年12月全市实行撤乡建镇，成立镇人民政府，境内分别设古里镇、淼泉镇、白茆镇。

2003年3月，淼泉镇并入古里镇；同年10月，

图5 铁琴铜剑历史文化街区

白茆镇并入古里镇,镇名均为"古里"。

三镇合并后,古里更是焕发了新春。今天,古里古朴与繁华并存,典雅与灿烂交融,传统与时代互动,"书香古里"与"民俗古里"已成为推动经济社会发展的两大品牌,也为古里这片古老而灵秀的土地增添了梦幻般的色彩和诗一样的绝唱。(图5)

第二节 河道街道之变迁

古里镇地处长江三角洲、太湖流域,境内河网密布,古河道纵横,东港河、青水港、西港河怀抱古镇区。古镇的铁琴街、文昌街、东后街、西后街组成古镇街巷的主梁骨,沿东港河、西港河两侧又形成若干巷弄。

一、古河道

镇区内大小河流纵横交织,水上交通便利。

白茆塘 又名"白茆港""白茆浦",西起常熟市虞山镇的小东门,向东流经虞山等五个乡镇,于姚家滩注入长江,是阳澄地区五大主要通江河道之一,负有阳澄地区引排任务,其引排能力仅次于五大港中的浏河。白茆塘是条重要河道,其通塞利弊,关系甚巨,历代治水者无不重视,据《苏州府志》记载,宋景祐二年(1035)苏州知府范仲淹浚白茆以疏导渚水后,每每数十年或十数年举工一次,举辄款累万,直至民国初年共疏浚36次。新中国成立后,于1972年全面拓浚整治白茆塘,于2003年又浚一次。每次疏浚白茆塘,白茆山歌均盛极一时。明钱谦益《国初群雄事略》载:"士诚遣人浚常熟州白茆港。"又谣曰:"好条白茆塘,只是开不全,若还开得全,好与西帅歇战船。"西帅指的是当时与张士诚争雄的朱元璋。这是记载明至正二十四年(1364),张士诚起兵,动用民夫10万开白茆塘时的民谣。也是至今我们发现的比较早的一首白茆山歌,距今已有600多年历史。(图6)

图6 白茆塘

清墩塘 西起常熟大东门锁栏桥经古里镇区，向东过三丫港折向东北至苏家尖，连接长毫塘至董浜入盐铁塘。清墩塘是古里镇泄水、灌溉，水上运输的主要河流。（图7）

图7 清墩塘

清水港 南通清墩塘从古里市镇中心向北偏东方向流经梅李直达梅塘，是古里地区泄水、灌溉、水上交通的重要河流。（图8）

图8 清水港

珍门泾 又称"徐六经",南起苏家尖与长毫塘汇合,向东北方向到珍门入盐铁塘。

雉浦港 是清墩塘在钱仓黄石桥口的分流,向北直达淼泉镇中心的淼泉塘,是淼泉到古里的水上交通要道。

山泾河 自任阳南山泾起,向北流入白茆塘,是白茆境内主要的引泄航运河道之一。

二、古桥梁

古里镇是典型的江南水乡古镇,历史上古桥梁众多,大多是石拱桥,并且还有不少有关桥的传说故事。铁琴铜剑历史文化街共有东义桥、关爷桥(工农桥)(图9)、聚龙桥、义兴桥等,李市历史文化街区有惠绥桥(图10)、永祥桥、何家桥、文昌桥等。

图9 关爷桥(工农桥)

图10 惠绥桥

聚龙桥 始建于明代。明时常熟青墩塘自西向东流经古里,再向东南与三丫港相连接,这一段河流即为后来的"老市河"。聚龙桥南北向横跨此河,因此处水流湍急,来往船只过桥往往险象环生,常有撞船及人员伤亡,过此桥被称为"进了老虎嘴里,生死未卜",所以又称此桥为"老虎

图11 聚龙桥(老虎桥)

桥"。清代本邑刘氏曾重修该桥。1958年，在整治河道、规划市镇建设中，填平了老市河，开直了青墩塘，原聚龙桥南移，并改建成现在铜剑街通往204国道的汽车平桥。2012年重建石拱桥，改名"仁风桥"。（图11）

海晏桥 跨越长条沙河，位于境内淼泉东市梢村与下甲村之间。相传明末清初，浙江海盐陈家有个女儿嫁至常熟蒋家，因蒋家有财有势，介绍海盐陈家来此落户，建造村舍，为方便交通，在长条沙河上建造了一座桥，取名为"海晏（海盐的谐音）桥"。还在大段圩中（油麻泾村）建造坟墓，为"海晏坟"。直到现在，赵龙角南、海晏桥北仍存相关建筑遗构。

三、古街巷

旧时，铁琴街、文昌街、东后街、西后街俱是商业街，皆为繁华的主街道。沿街为店铺，后院为作坊或住宅。街面多为石板或碎石，巷弄多为碎石、青砖铺设。现存宅院大多始建于明清及民国时期。宅院以坐北朝南为主。较富裕或较有地位的民宅以四合院为主，天井里有水井，门窗以杉木为质，大门以石库门为主，房屋多为二层、局部一层砖木结构。传统建筑以低矮、狭小、精巧、进深的商铺为主。

铁琴街 南起老虎桥（现更名为仁风桥），北

图12 铁琴街

至文学街,两边商铺林立。(图12)

西大街 西起西港河,东至铁琴街,位于铁琴铜剑历史文化街区,有陈家老宅、俞家古宅等明清建筑。

东大街 东起东港河,西至铁琴街,位于铁琴铜剑历史文化街区,有保存完好的继善堂、顾家老宅等明清建筑。

文昌街 东起东港河,西至西港河的关爷桥(现更名为"工农桥"),位于铁琴铜剑历史文化街区,东有刘氏敦厚堂,西有铁琴铜剑楼、徽州会馆,南有东

图13 文昌街

湖书院、稼轩堂，两边商铺林立。（图13）

李市大街　北起惠绥桥，南至南市梢，位于李市历史文化街区，街道中间由长石条铺成，石条两边铺有鹅卵石，街上商铺林立，主要有茶馆、药店、南北货、日杂、肉铺、水产、理发、铁匠铺、箍桶等店铺。（图14）

图14　李市大街

李市东街　西起永祥桥，东至铁匠铺，位于李市历史文化街区，古代主要街道之一。（图15）

李市西街　西起山泾河，东至惠绥桥，紧依黄瓜浜而筑，位于李市历史文化街区。旧时有船码头，是各种船运物资和人们出入的主要街道。

图15　李市东街

第二章
文化醇厚积淀深

古里镇历史悠久、人文厚积,在千年的历史发展长河中,积淀下极其丰富而珍贵的历史文化遗存。这些文化遗存是当代古里人民的宝贵财富,也是中华民族的瑰宝。

第一节 风景名胜

古里镇风光旖旎,名胜众多,书香雅趣、亭台楼阁、翰墨琴声、小桥流水、田园牧歌、百年山庄,无不令人神往。

一、古里十景

古里历史上曾有"古里十景",文人骚客无不留恋驻足。

琴剑书香（图16） "惇裕堂前献咒卮,庭罗玉咒与金芝。文如琴六千篇富,生比瓶庐二日迟。钱

图16 铁琴铜剑楼

奭遐龄耄耆，晁陈绝学富奋苗。降寅并祝藏园寿，南北耆英两大师。谡谡松阴岁月忘，仁人恺悌惠维桑。眼明鱼鲁能亲校，手泽娜嬛喜善藏。后起凤雏肯堂构，画图虹彩烛天阊。假年我欲从君读，宛委蓬莱岁月长。"这是清末著名藏书家、文学家孙雄在游览铁琴铜剑楼后留下的诗句。铁琴铜剑楼位于常熟古里镇西街，与山东聊城杨以增"海源阁"，归安陆心源"皕宋楼"，钱塘丁申、丁丙"八千卷楼"齐名，合称晚清四大藏书楼。不仅在常熟历史上，而且从中国文化发展史看，自明代赵琦美"脉望馆"、毛晋父子"汲古阁"、清初钱谦益"绛云楼"、钱曾"述古堂"相继消亡以后，瞿氏铁琴铜剑楼更具独特的地位。铁琴铜剑楼之藏书，曲折绵延了两百多年，为传播中国历史文化做出了不可磨灭的贡献。

碧梧红豆（图17） "各花玉貌共争妍，檀板全樽介寿筵。今日小桥篱落畔，野人相赏夕阳边。豆子红鲜发宝光，多情只合赠儿郎。老夫正喜风流减，但画瑶英一簇香。"红豆山庄原称"芙蓉庄",又名"碧梧红豆庄",始建于宋末元初。明正德年间为云和县知县顾松庵别墅。庄前白石平桥,庄内小桥流水,曲折幽胜。周边近里绕堤植芙蓉数百,翠叶红葩,掩映水际,景色宜人,故名"芙蓉庄"。明嘉靖年间其裔孙、山东副使顾玉柱(明嘉靖壬辰进士)从闽东移植荔枝并添植梧桐于庄中。明嘉靖二十三年(1544),顾玉柱次子耿光(号曲江)从海南移植红豆树于庄中,与古梧相错,故芙蓉庄改名为"碧梧红豆庄"。顾玉柱外孙钱谦益幼年曾在此读书。明崇祯十四年(1641)才女柳如是因敬慕钱谦益的学识才华,"驾扁舟来虞"访文坛泰斗钱谦益,最终嫁与钱氏,隐居芙蓉庄。

图17　已有470多年历史的红豆树

泖江新涨　清嘉庆著名诗人陆廷熏游白茆塘后留诗云:"一水碧波清,虞东日久晴,忽见清变浊,新涨昨三更。""白茆塘",又称"泖江""白茆港""白茆浦"。早在吴越春秋时,白茆塘即为海虞"二十四浦"之一,为主要的通航水道。古里境内的白茆塘两岸风光旖旎、人文厚积、山歌悠扬。历史上，宋代的苏州知府范仲淹、元末的吴王张士诚、明代的户部尚书夏元吉、巡抚周忱、知府况钟、右佥都御史巡抚海瑞、清代的巡抚林则徐、丁日昌等，都曾主持过疏浚白茆塘，为水利建设作出过重要贡献。

坞垃雪眺 "前村飞鸟尽，不辨阡与陌，坞边蓑笠翁，向我话三白。"这是清代著名诗人宋文杓游历坞垃山后留下的诗句。坞垃山地处风水宝地，其地有良渚文化部落首领的陵墓。南宋端平年间（1234—1236），江南名刹"增福禅寺"建于山上，给后人留下了不少人文故事。

味霞红莲 "红莲香稻报新成，一饱思君梦转清；夜半江乡饥雁语，芦花菰叶不胜情。"这是清嘉庆著名诗人孙原湘游历了坞垃并品尝到了坞垃的特产"鸭血糯"后，有感而发留下的佳句。鸭血糯又名"红莲米"，坞垃以特有的肥沃土质自古盛产红莲米，红莲米口感香醇、营养丰富，在清康熙年间成为贡品。

古庵银杏 "老树百尺高，阴浓锁古庵。结成霜白果，摘取供僧龛。"这是清嘉庆著名诗人陆廷熏游历古里白茆净居庵后留下的诗句。净居庵建于清顺治年间，内有尼姑六七人，专为百姓在孝堂内做随身功德，1958年拆除。

薪径樵歌 "一径郁秋烟，平林通野市。晚来荷担归，放歌刚月起。"这是清嘉庆著名诗人邢春华描写古里薪泾村野自然人文乡土风情的诗句。薪径樵歌，充满诗情画意，美不胜收。

莲泾渔泊 "落日一溪横，莲香扑鼻清。打渔舟便泊，刚趁月初明。"这是清嘉庆著名诗人陆廷熏描写莲泾塘渔家生活情景的诗句。莲泾塘是白茆塘的支流，水质清甜、鱼肥蟹壮，其地美景也颇令人向往。

虞岭乱云 清陆廷熏诗曰："云开山远见，倏忽又生云。乱把辛峰锁，模糊看不清。"在古里白茆空旷田野上能清晰地看到远在18公里之外的虞山上的辛峰亭，平野远眺，风光怡人。

玉峰孤塔 清邢春华诗曰："玉山与虞山，苍翠势若接。天南一塔遥，飞影入眉睫。"站在白茆塘畔登塔远眺，西面的虞山和南面的玉山尽收眼底，令人心旷神怡。

二、历史文化街区

古里传统历史文化街区内基本保存了独特的个性文化、生活气息和文化底蕴，文物古迹遍布。街区与内外水网紧密相依，河道纵横交织，"井"字型格局明显，街道临河而造，河街并行，村民枕河而居、渔歌互答、古墙屋檐、画梁雕琢、插秧撒网、炊烟袅袅，一片浓郁的江南水乡风情。

铁琴铜剑历史文化街区

古镇铁琴铜剑历史文化街区的主要名胜为铁

图18 铁琴铜剑楼

琴铜剑楼（图18），该楼是清代四大私家藏书楼之一，建于乾隆年间。藏书楼原名"恬裕斋"，创始人瞿绍基。瞿氏五代藏书楼主都淡泊名利，以藏书、读书为乐。瞿氏第二代、绍基之子瞿镛，对鼎彝古印兼收并蓄，在金石古物中，他尤为珍爱一张铁琴和一把铜剑，铁琴铜剑楼由此得名。

瞿氏继承了常熟派藏书家好宋元刻本、抄本和稿本的传统，所藏多"宋元旧刻暨旧抄之本"。在收藏内容上，常熟派藏书家收藏的图书偏重正经正史，尤其尊经。瞿氏铁琴铜剑楼所藏精华就在于经部。在藏书原则上，常熟派藏书家重流通古籍、藏书致用，通过传抄、编目、刻书、借用等来传播典籍，提供利用。私人藏书家向来不愿将藏书公示于外，但瞿氏从来不把私家藏书看作私有秘产，而是公开其藏书，供读书人士前往浏览、校勘、转抄、参观，让图书得其所用。不仅允许人入楼参阅，还另辟专室，供人坐读，备茶水膳食。瞿氏保存藏书也自有一套办法，除平时由专人管理外，"每岁必取出一曝"，且曝出有一定时日，所藏字书因保存得法而能完好如新，历久不蠹。

瞿氏历经五代，所藏真本、善本、抄本数十万册，其藏书不仅数量大，而且极富学术和历史价值。就瞿氏藏书版本而言，多宋元珍本、孤本及未经见之罕见本，如所藏《玉函经》（图19）是稀世罕见的医学古籍，为海内孤本。《铁琴铜剑楼藏书目录》收录善本书达千种之多，经、史、子、集无所不包，著录大多宋元本、手稿孤本。其中常熟铁琴铜剑藏书楼向北京图书馆捐赠的20种宋元明善本书籍，被中央人民政府称之为"国之重宝"，足以证实瞿氏藏书的价值，堪称藏书界之翘楚。

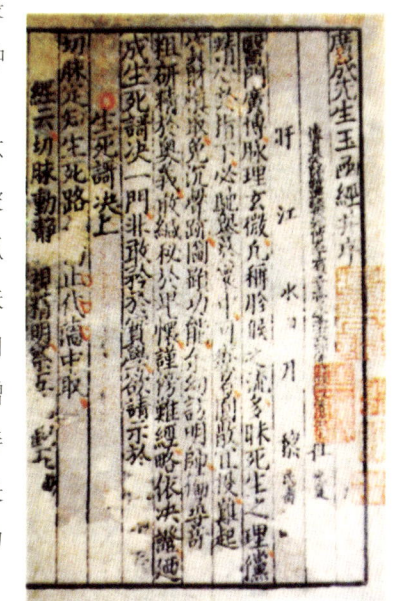

图19 宋刻《玉函经》书影

就校跋的价值而言，瞿氏藏书源远流长，随着藏书辗转易主，留下前后藏主和校读鉴赏的许多题跋识语，成为瞿氏藏书的重要组成部分。瞿启甲所编《铁琴铜剑楼藏书题跋集录》，收录元明清名家六十余人题跋，令人叹为观止。其中以黄丕烈、顾广圻校跋题记为最多，内容十分珍贵。

解放后，瞿济苍将其家藏宋元明善本书52种1776册，通过文化部文物局捐赠给北京图书馆。民国9年（1920）至民国14年（1925），商务印书馆等影印《四部丛刊》《续古逸丛书》，第四代藏书楼主瞿启甲为丛书编刊提供了铁琴铜剑楼所藏宋元古籍珍本81种作为影印底本，成为当时《四部丛刊》诸编所采录的私家藏本之冠。

中国四大藏书楼，只铁琴铜剑楼巍然独存。该楼原有四进，其中第一、二进毁于抗日战争中。第一进为门厅；第二进为"恬裕斋"，曾于清同治十三年（1874），因避光绪帝载湉之讳改称"敦裕堂"。收储多为乡邦文献以及未收入《铁琴铜剑楼书目》之宋元明本及旧钞批校诸书，长篇巨著不多，累计比储后楼者为少，分置东西两壁书箱中；第三、四进即今仅存之楼，为坐北朝南三楹回式楼房，中有小天井相隔，每进两层，重檐硬山顶，两侧为马头墙。下檐撑芽雕有精巧的夔龙纹，为苏南一带独特的建筑装饰风格。三、四两进楼上原为藏书之所，第三进楼下则为读书处，第四进楼下为家祠，同时收藏古物、石刻，楼下右方原有梯登楼。藏书除部分遭劫外，绝大部分于解放初由瞿氏后人捐赠北京图书馆、上海图书馆、常熟图书馆等。

李市历史文化街区

李市历史文化街区（图20）位于古里镇东南部。1973年暑假，李市小学翻建校舍，在墙基中发现了新中国成立初期被当作"四旧"处理的青石碑，这块碑上端和下边均有花纹，但因时间太久，好多文字已模糊不清，经反复辨认，青石碑记载：明朝年间，我国东南沿海经常遭受倭寇骚扰，他们杀人放火，抢劫财物，强奸妇女，无恶不作。那时，杭州有位任通判的李大人，领兵打败了倭寇，并把那些私通倭寇的内奸处死。后来，年纪大了要告老还乡，他担心倭寇余党报复，不敢回自己的故里，因此乘船北上，寻找他养

图20　李市古村落

老且避难的场所。到了一个环境优美、物产丰富、人情淳朴的地方就留了下来，在这里建造住所，附近的富户也慕名迁来居住，逐渐形成了一个比较繁华的小集镇，人们将这个集镇称为"李墅"，以后又改称"李市"。可后来，被李大人镇压的倭寇余党得知李大人隐居在李市，就在一个月黑风高的深夜，将其全家四五十人全部杀害。后人为了纪念李大人，就在他家的祠堂里塑了李大人的佛像，称为"李王老爷"，世代祭拜。

明正统年间（1436—1449），此处为里人李氏聚居成市之地，故名"李市"，又称"山泾市"。《常昭合志》载："李市跨东山泾（旧属双凤乡），距城约四十里，街五六道，居民六七百户，有城隍庙、石桥一、木桥六。附近小村庄曰'山泾'（居民数十户）。"

历史上李市店铺林立、商贸繁荣，街面上米行、南什货店、药店、肉店、面店、酒店、布店、铁匠铺、茶馆等百业俱兴。新中国成立前，李市镇交通主要以河运为主。新中国成立初期，曾设为李市乡。村内至今仍保存着石板街、石井、石兽、古桥梁等丰富的历史文化遗存和较多富有江南典型风格的明清旧宅。

2008年，李市村落被苏州市人民政府命名为"苏州市历史文化名村"。2013年8月，被住建部、文化部、财政部联合公布为第二批"中国传统村落"。

红豆山庄

红豆山庄（图21）位于古里镇白茆芙蓉村，山庄植有珍稀红豆树。因明末清初东南文宗钱谦益（号牧斋）和一代才女柳如是的爱情故事而久负盛名，为常熟名园之一。

图21 红豆山庄

柳因慕钱之才华，驾舟来访，最终嫁与钱氏，先住绛云楼，后"绛云遭炬俱成烬"，遂移居至碧梧红豆庄居住。钱谦益、柳如是在此一直住了十余年，夫妻恩爱，情投

图22 充满爱情传奇色彩的红豆山庄，参天的红豆树至今已有470多年的历史

意合，日夕相对，读书编经，常以诗酒联吟自娱，朝夕流连于红豆树下（图22）。后钱柳暗结抗清志士瞿式耜、郑成功、黄宗羲辈，把山庄作为抗清活动的联络点。清顺治十八年（1661）正值钱谦益八旬生日，二十年未开花的红豆树突然含花吐艳，令钱柳视为吉祥预兆，兴奋不已。钱谦益遍请诗坛名流，前来赏花吟诗，一时文采风流，盛况空前，传为文坛佳话，时人就将"碧梧红豆庄"改称"红豆山庄"。红豆山庄也因此闻名遐迩。

著名史学大师陈寅恪（1890—1969）于1944年旅居昆明时，购得"常熟白茆港钱氏故园中红豆一粒"，由此萌生"要为钱柳姻缘笺释"之念，后遂撰写80万字的《柳如是别传》，一扫300多年来对柳氏的虚妄揣测。该书于1980年上海古籍出版社出版后，在国内外产生极大影响，红豆山庄不断有人前去探访。

芙蓉庄（西北二里）即红豆山庄旧址（有桥、明景泰年间用白石筑成）。

红豆山庄在白茆市，本名芙蓉庄，白茆顾氏别业也。东涧为宪副顾玉柱外孙，故此庄后归于钱。庄有红豆树，故名。顺治辛丑，此花盛开。后十余年，仍归于顾。道光甲申，又花。庄已久废，树在野田。今在乡农徐姓屋后。

——《常昭合志》

芙蓉庄一名碧梧红豆庄，在古湫浜西。云和令顾松庵公别墅。小桥流水，曲折幽胜，有右丞蓝田辋川风景。周遭可里许，绕堤植芙蓉数百，翠叶红葩，掩映水际，庄之取名以此。松庵孙东江赠君，尝移闽中荔枝，植于庄上，侧生累累。沈石田、文衡山为赋新荔篇焉。又有红豆一本，大可合抱。赠君孙曲江耿光所植，与碧梧相错，故又为碧梧红豆庄。后归钱宗伯谦益，直名红豆庄而已。宗伯栖其地十余年，一时胜流闻声造门，希风命驾，履舄交错，舟船填咽。其门联所谓："岂有文章惊海内，漫劳车马驻江干"，盖实纪也。宗伯殁，庄仍归顾。盖宗伯为副使外孙，故相通如是。庄与草堂遗址相属，今久废，而庄前白石平桥，坚好如故。其两门镌杜句者，仅存一焉。

庄始于天顺间，为松庵公所构。其后休庵、东江、一江、曲江渐斥而大。凡历五世，更二名，始归钱氏。钱氏居未久，仍归顾。

葛万里牧斋先生年谱：顺治十一年甲午，七十三岁，卜筑芙蓉庄，亦名红豆庄。十三年丙申，七十五岁，移居红豆村庄。十八年辛丑，八十岁。三月晦，村居被盗。先生适置酒指水山庄，宴粮道李省台来泰，得免于难。自记：红豆树二十年复花，九月贱降时，结子才一颗。老夫欲不夸为己瑞，其可得乎！腊月移居入城。是牧斋居此庄，自甲午卜筑，丙申移居，至辛丑复移居入城，先后八年。牧斋殁于康熙三年甲辰，年八十三岁，庄之归顾，盖在牧斋身后。小志谓鸠居十余年，当得其实。

——顾镇《支溪小志》

芙蓉庄在吾邑小东门外，去县治三十里，白茆顾氏别业也。钱宗伯为宪副台卿公之外孙，故其地后归于宗伯。庄有红豆树，又名红豆庄。树大合抱，数十年一花，其色白，结实如皂荚子，赤如樱桃。顺治十八年辛丑，宗伯寿登八十，而是花适开。盖距前此花时已二十年矣，遂与邑中诸名士赋诗以志其瑞。至康熙三十二年癸酉，再花，结实数斗。村人竞取之。时庄已久毁，惟树存野田中耳。今树亦半枯，每岁发一枝，迄无定向。闻之士人，所向之处。稻辄歉收，亦可怪也。

松庵名立，字成夫，号松庵，细二元孙。以从事起家，官至云和县知县。子镐，号休庵。孙湘，号东江。曾孙台卿，名玉柱，嘉靖壬辰进士。官至山东按察司副使，所谓一江公也。一江仲子耿光，号曲江。顾氏世系考者如此。

——王应奎《柳南随笔》

第二节　明清古建

古里镇古建筑多为明清时遗构，主要集中在铁琴铜剑历史文化街区和李市历史文化街区，其中有

图23 古镇瑞雪

江苏省级重点文物保护单位铁琴铜剑楼、常熟市级文物保护单位刘氏敦厚堂、徽州会馆、十八烈士墓、瞿启甲墓等,还有东湖书院、继善堂、顾家老宅、陈家古宅等。(图23)

一、梵音庙宇

增福禅寺

增福禅寺(图24)位于境内白茆芙蓉村,历史悠久,香火鼎盛,距今已有近800年历史。据《常熟县志·寺观志》记载,该寺原址位于白茆坞垞山下,宋理宗端平三年(1236)由僧人无暇主持建成。明神宗万历十四年(1586),僧人园照进行修缮。明末天启年间(1621—1627)增福禅寺遭严重破坏。清顺治七年(1650),僧人通微重

图24 增福禅寺

修,清康熙二十三年(1684)重修增福大殿,邱园撰记。清光绪三年(1877),僧人空异募捐重建禅寺,并在寺内建造"斗姥阁"。新中国成立前因年久失修湮没。

增福禅寺历经五个朝代,先后有四位高僧建造重修,各地信士纷来朝拜,极一时之盛,寺内文化殷实,名士墨迹较多。明代苏州吴门画派首席沈周曾作《坞坵图》。明嘉靖年间,严讷曾隐居于禅院发愤读书,后中进士,曾撰《公田纪碑》于寺内。清初著名文学家、戏曲家邱园,于康熙二十五年(1686)撰写《增福禅寺重建大殿记》,由金石家程岷刻镌石碑。另有清乾隆二十年(1755)名士柏谦撰《增福禅寺饭田记》碑刻及镌有沈周(名石田,明代著名画家,列"明四家"之首)、吴宽(明代文学家、礼部尚书)等人诗作的《坞坵诗刻碑》。

净心院

净心院（图25）位于古里镇陈塘陈张村，是由常熟市民族宗教事务局批准的淼泉社区佛教活动点。净心院前身是淼泉"静心莲社"，始创于1945年，创始人有孙达夫、王冠民、金定先、吴春福等。借用塘坊村的"三官堂"及陈张村南小泾的"调元阁"进行佛事活动。期间曾得苏州灵岩山寺妙莲法师多年长驻指导。新中国成立初期，调元阁拆建张村小学，佛事活动分散在民间进行。

图25 净心院

龙旋寺

龙旋寺（图26）位于古里镇高长村帝藏（堂）头，原名"龙旋泾真武祠（堂）"，俗称"龙旋宫"。始建于南宋淳熙二年（1175）。据明嘉靖十五年（1537）《陈寰记》载，古常熟县城东二十余里有蒋泾，一名龙旋泾。南彻白茆，北连浒浦，诸水所浃。昔有毒龙据之，旋为广渊，屡兴灾孽。

图26 龙旋寺

乡民乃立真武位，哀祈阴祐。已而水中忽涌沙墩，坚过人筑，因祠其上，以奉真武，名曰"龙旋泾真武祠（堂）"。自是龙遂迹灭，水不为灾，盖宋淳熙二年（1175）也。元至正六年（1346）道士钱祖阳等重修龙旋泾真武祠，名士郑东撰记。明崇祯十七年（1644）十二月，里人陶大逵兄弟募资重修。清初，陶绍元又修，归起先撰记。后又几经战乱兴废。1940年，日本侵略军放火烧毁龙旋宫，民抗司令任天石等发动民众筹集资材，重建龙旋宫十二间。新中国成立后，寺内有僧人陶炳如大师，直至大跃进年代，龙旋宫被拆除。2010年，该寺在原址奠基重建。

二、徽州会馆

徽州会馆（图27）原在城区南门外西庄街66

号。清乾隆六十年（1795），在常熟经商的徽州人集资购地而建。初为丙舍，继作同乡寄柩、就医、集会之所。额名"徽州会馆"，又名"存仁堂"（图28）。背靠西城外城河，与原水仙庙相邻。头进匾额题"芳彻共明"，边镌"清光绪己丑（1889）春月立"。有青石碑一座，为清嘉庆五年（1800）昭文县知县刘嘉榖立。1982年11月，公布为县级文物保护单位，2007年整体搬迁至古里镇铁琴铜剑历史文化街区。

图27 徽州会馆

图28 存仁堂

该会馆前后两进，东西各有厢房。第一进为存仁堂，以徽州新安派与常熟虞山派书画交相辉映为主要布馆特色，大厅原样再现了古代常熟徽商中厅议事场景。东厢房为"邹鲁儒风"，展示了古时徽州文化的深厚积淀，其中宋时朱熹理学对徽州文化影响尤为深远，他们读朱子之书，取朱子之教，秉朱子之礼，以邹鲁儒风自持。西厢房为"人文辉映"，展示了徽州文化和常熟文化互相交融，熠熠生辉。历史上有多名常熟名人祖籍徽州。徽州与长江三角洲相毗邻，受吴越文化影响至深。比较有代表性的人物就是程家燧、胡复祖、汪应铨等。第二进是正厅新安堂（图29），集中展示了古今徽商的全貌，中间原样再现了古代大户徽商家中堂的布局。

图29　新安堂

图30 东湖书院

三、东湖书院

东湖书院（图30）遗址在今古里湖口村三组，原"三官堂"旧址。明弘治十年（1497），常熟县令慈溪人杨子器毁各乡祠庙，藏书家钱仁夫力劝可改社学者酌量留之。弘治十六年（1503）湖口三官堂改为"东湖书院"，后任县令计帷中出示贴照，以防豪右侵夺。顾朝元、戴天恩师徒世守之。南向，三开间，左右各有院堂，内奉孔子小像，延师授课，生徒日众。"青衿数十，晨集暮归，弦读之声洋洋盈耳"，钱工部亲自讲授，并刊印书稿等。"庶几三代乡学之遗制"，书宇已不复存在，书院今已重建。

四、继善堂

继善堂位于古里镇老街中心偏东，主人瞿启

甲，字良士。清道光年间，良士先祖绍基父子为继承祖上善行仁德之心，与同仁刘、丁、汪氏等众姓集资所建，专为本地和周边贫困村民行施善事。堂内主要开设布施、收埋、育婴、义诊等善举。

布施 每逢天灾人祸，继善堂均向贫苦村民施发钱、粮、衣被等物。道光年间，江南大雨成灾，灾民流离失所，堂内专设留养所，开设施粥会，用大铁锅10只，由30个壮年佣工日夜烧煮，不限远近村别，凡来者均可食之，对特困灾民还要发些钱、粮、衣被等物。

收埋 将路边无主死尸收拾埋葬。清道光三年（1823），吴中大水，东乡水上漂浮着棺材，路边荒野无主死尸到处可见，堂内就派专门人员收集埋葬。

育婴 收集社会上的弃婴、孤儿，组织专门人员进行哺育教养，故又称为"育婴堂"。待幼儿到达一定年岁，就转入瞿氏"义庄"进行识字、识科。

义诊 免费为穷人看病给药。堂内设有医室，有专门医生逢三、六、九日举行义诊，周边穷困村民前来求医者络绎不绝，堂内医士常有应接不暇之势。继善堂之行善地域，涉及常熟城区、任阳、白茆、唐市、横泾和淼泉等地，前后历数十年之久。

清咸丰十年（1860），太平军到古里，兵事动乱,继善堂惨遭毁灭。瞿氏九世孙瞿启文(瞿启甲兄长)勇于为善,带头捐田百亩。计划用三年时间重建继善堂,可不幸的是瞿启文半途病逝。瞿启甲继承兄志,除按原计划建造外,还购地扩建了"画舫斋",共建房屋20间,于清光绪十五年(1889)竣工。继续行善施德,济贫救困,惠及乡里。抗日战争时期,继善堂连同瞿氏宅舍和铁琴铜剑藏书楼等大部分被日军炸毁。新中国建立后,人民政府将继善堂仅有的几间破屋修复,先后用作小学、农中的教室、食堂。现存三间老房由瞿氏十五代孙瞿锦文家居住,画栋雕梁之原貌依然,"继善堂"匾额保留至今。

五、刘氏敦厚堂

刘氏敦厚堂(图31),清顺治年间(1644—1661)为里人刘天立所建。刘天立系铁琴铜剑楼瞿氏之宗

图31 刘氏敦厚堂

亲，笃信天主教，全家都是天主教徒。

刘氏敦厚堂坐落于古里镇文昌古街区东北，坐北朝南，二进。第一进为三间八架梁，第二进为四间八架梁，均为硬山顶封火山墙，四周以廊道相通，成走马楼式，具有典型的苏南明清建筑风格，时称"刘家大院"。刘氏大院的西面修建了天主教堂圣母堂，又名"有原堂"，作为传播天主教的基地。

清乾隆初年，刘家后代及第，任翰林院编修。台湾历史学家方豪在《中国天主教史人物传》中记载有这样一件事，意大利人谈方济于清乾隆十年（1745）春到达江南地区，往来于嘉定、吴县、常熟等地传教，寄宿在戈庄教堂和古里刘在田家。其时，清乾隆皇帝正在禁教，传教带有非法的性质。在这样的政治高压下，可以看出刘在田和教会的关系非同一般。清乾隆十二年（1747），由于教徒尤某的出卖，谈方济在刘在田家被捕，谈方济在苏州被处以绞刑，刘在田也脱不了干系，受到了庭杖一百的处罚。这就是中国天主教史上重要的"江南教案"事件。

乾隆二十七年（1762），乾隆帝第三次下江南，由于刘家对朝廷的忠诚，乾隆帝亲赐给了刘家匾额"敦厚堂"，刘氏大院就改称为"刘氏敦厚堂"。

咸丰十年（1860），太平天国军进入常熟古里,时任敦厚堂主刘屺思携子刘德斋(1843—1912)前往上海,避难于上海徐家汇天主教会,敦厚堂第一进被毁。

太平天国后,敦厚堂第一进重修,原貌一直保持至新中国成立。1978年,敦厚堂现存的第三、四进作为公房被分配给居民居住。2007年,古里镇人民政府对现存的部分进行了全面的修缮,并公布为常熟市文物保护单位。2017年,古里镇人民政府为进一步保护好刘氏敦厚堂,进行第二次全面保护修缮,使其恢复原有的独特文化魅力。

第三节 革命遗址

古里水乡战略区位独特,曾点燃了抗日的烽火、播下了革命的种子,为新中国的建立谱写了辉煌的篇章。

军事训练班旧址

1938年5月,中共常熟县委在杨西段(淼泉陈泾湾村9组)王林林、王兴兴家中和周家宅基举办了一期流动的军事训练班。塘桥游击队部分骨干和驸马泾、小市、吴市等地青年共三四十人参加了该期军事培训。现在王林林、王兴兴两家、周家宅基原址都在,但旧屋已翻建新房。

"江抗"后方医院遗址

1939年1月,为了抗日的需要,李建模带着张贤(上海人)和庞露(在上海时疫医院工作的常熟人)来到"民抗"大队部所在地——苏家尖莲荡浜糜义良家。他们带来了医药器械,创办了"民抗"医院。为了确保安全,医院经常流动,伤病员时而集中,时而分散,靠小船载运,保证了受伤战士的安全。由于药品匮乏,张贤带领医务人员用土办法来克服困难。他们把鸡蛋壳烘烤后研磨成粉,治疗肺结核;用硫磺粉加石灰水,煮成药水治疗疥疮。1939年5月,"江抗"东进,开辟苏常游击区,战斗更加频繁,伤病员渐多。新四军老六团的卫生队和"民抗"医院合并,成立了"江抗"后方医院,由林震任院长,医护人员增加到30多人。随着活动范围的扩大,后方医院转移到了沙家浜。

十八烈士墓

位于古里镇高长村(原高场村)章基、临高场段河边。1939年夏,日寇加紧对"江抗""民抗"活动区的"扫荡"。1939年7月5日,一股日军窜至古里大小六泾,与"民抗"一个中队在河市泾口遭遇继而激战。"民抗"战士以河岸为屏障,面对日军强大火力,顽强阻击,范金山、王二等10余人壮烈牺牲。8月下旬,日军再次出动,袭击正宿营于官屯坝、朱家湾的"江抗",有20余位战士英勇献身。后将这两次战斗中光荣捐躯的范金山等18位烈士安葬于此处。1966年初,公社重修墓并立碑,于墓址入口处建门楣及墙一堵。门上端镌"新四军烈士墓"6个大字,门柱书"缅怀先烈业绩,继承未竟事业"楹联,墓碑镌文:"一九四二年抗日战争中,小陆泾战役光荣牺牲范金山等十八烈士墓"(图32)。1983年,市民政局拨款维修,改建混凝土冢面。冢前重竖碑一座,文曰:"范金山等十八烈士墓。"2002年,古里镇党委政府又专门拨款建造古里革命烈士陵园,把在抗日战争中牺牲的范金山等烈士和古里地区在抗日战争、解放战争、抗美援朝战争、社会主义建设中牺牲的32名烈士合葬在一起,纪念碑上书"革命烈士纪念碑"七个大字。2007年公布为常熟市文物保护单位,2010年镇政府

图32 十八烈士墓

又拨款修缮烈士陵园，并在陵园内建造了革命烈士纪念馆。

"民抗"武工队成立遗址

薛伟民于1944年9月间由苏北到达常熟检查恢复工作，召集全体小分队队员在苏家尖魏家宅基举行了三天会议，并宣布正式成立武装工作队，同时建立武工队党支部。10月，在通海地区集训的长枪排和民运干部渡江南来，武工队既有短枪组，又有长枪排，武装力量得到了加强。

江南中学

为培养和提高抗日干部队伍的素质，1941年4月1日，苏南第一行政督察专员公署和东路教育委员会决定创办一所抗日学校——江南中学。校址在离古里镇4.7公里的菂泾村农户顾瑞明家中。学校为全日制、全供给制，配备了专职教师、总务、炊事长。但没有学制，长则半年，短则一月，学生中多数是战士，最大的16岁，最小的才12岁，共50多人。课程除政治教育外，有国文、数学、历史、音乐、体育等。

苏州县抗日自卫会会址

1940年9月，苏州县人民抗日自卫会在白茆坞圩山召开会议，并在此成立了苏州县抗日自卫会组

图33 坞坵山

织。谭震林到会讲话。坞坵山现属古里坞坵村境内，但山上的增福禅寺已迁建至红豆山庄。（图33）

第四节 文物遗存

古里镇现存文物遗存还包括许多见证历史变迁的碑刻和古墓。

一、碑刻

《行乐歌碑》 文中以歌的形式，记述了顾氏家址迁移原因及山庄周围的优美环境，并附《登虞怀古》七律诗一首："踏遍青山万千里，藤萝络络挂长松。昭明台下寒烟覆，虞仲邱边碧藓封。丹井凿时飞去鸽，涧泉流处破潜龙。古今多少兴亡恨，都在声声晚寺钟。"该石碑现存常熟市碑刻博物馆。（图34）

《重修慈航庵碑记》 慈航庵建于唐永徽三年（652）。清康熙二十二年（1683）僧可琢重修，

图34 明代行乐歌碑

二十三年（1684）竣工。碑文记述了发起筹建者及重修过程，附有捐置田地姓氏。康熙三十三年（1694）立碑，由释德立撰写碑文。此碑原在古里湖口村，现为市博物馆收藏。

《重建龙旋真武祠》 龙旋泾真武祠（堂），俗称龙旋宫。真武即古所谓玄冥水神也。此祠建于宋淳熙年间。元至正六年（1346），道士钱祖阳等修，郑东撰记。明嘉靖十五年（1536），道士陈守洁等修，陈寰撰记。明崇祯十七年（1644），陶大逵等集资重修，邱之隽撰记。清初，陶绍元又修，归起先撰记。此碑字迹淡漠近半，已断裂。今由高长村（原帝藏村）村民陶瑞宝保管。

《**重建东湖书院记碑**》 书院原为元代私家讲学之所，代有兴衰，后为三官堂（道教祠），明成化后，书院复兴。明弘治年间（1488—1505），

图35 重建东湖书院记碑

知县杨子器令毁乡间祠庙，明正德八年（1513）工部都水司郎中、藏书家钱仁夫请将三官堂改为社学，内设孔子小像，延师授课，生徒日众。明正德（1506—1521），又加以拓新，取名东湖书院，刊行试稿等。此碑立于正德十六年（1521），由常熟知县刘乾亨撰文，钱仁夫书。原在古里镇湖口村，今收藏于常熟市碑刻博物馆（图35）。

《重修积善庵及里域司祠公里碑记》 积善庵建于明代。清雍正七年（1729），僧郭千及九途相继修建。清乾隆三十六年（1771）春至三十九年（1774）秋又重修。里人陈国英等偕同主持德慧全力募缘，并号田二亩，以供僧人饭食。此碑原在原古里村东高城大王庙，现为常熟市博物馆收藏。

《严禁贼匪碑记》 在古里镇湖东村。碑成于清道光十五年（1835），为官批民办自治联防碑石。碑文记载，清道光年间，南湖廊等地因盗匪四起，乡民不能自保，生活贫困。南湖廊赵昆发、陶景华等八人，联名上书苏州府，后苏州府昭文县正堂晓谕，令当地凡是耕种田亩之乡农，轮流日夜值班，互相防范，昼夜巡查，集合守望，并令当地地保、巡捕及农民人等，轮流查察，无分日夜，若发现有盗取任何物件行为的贼匪，就协同地保扭获禀解，以凭究办。碑文中有"道光十五年十月示"和"昭文县印"等字样，立碑者为钱玉庭、钱皆明、钱大德、钱圣荣四人。碑长期被误认为庙志，砌入庙墙。2002年，被古里镇编志工作人员发现，现藏古里南湖廊村委会。

二、古墓

坞圻山位于古里镇坞圻村，白茆市镇西南两公里处。《常昭合志》载："土阜无石，高止数仞，巍然一坯，故名作坞圻山，傍有增福禅院。"《姑苏志》载："丛篁古木，蓊郁深秀，登其椒回望，则平畴远水，渔村蟹舍，映带如画。"

坞圻山，有土无石，实为一土墩。1990年，白茆镇文化站会同常熟市博物馆对坞圻山进行了考古挖掘，发现证实是良渚文化部落首领的坟墓，即为良渚文化遗址，距今已有4500多年的历史。（图36）

图36 白茆坞圻山

顾大章墓在古里镇琴东村（原军墩村）。顾大章，明万历三十五年（1607）进士，历官刑部主事，升员外郎。明天启年间，因加入东林党，遭阉党报复，与杨涟、左光斗、魏大忠、周朝瑞、袁化中等被诬陷入狱，投环殉节。崇祯初予以昭雪，赠太仆寺少卿并赐葬，追谥"裕愍"。钱谦益为之撰墓志铭。《炳烛斋稿》引顾大昭所撰《行状》云："毁室为墓，崇祯十二年葬。"其墓地久湮。新中国成立后，文物普查中在"石马坟"重新发现墓碑、牌坊柱、石兽等遗迹。今牌坊散落，断碑仆道，尚存于顾宝龙家中。（图37）

图37 顾大章墓

瞿启甲墓在古里镇新桥村（原钱仓村）照塔浜，每当晴好天气，下午三至四点时，浜内可见方塔倒影，浜因此得名。此乃铁琴铜剑楼第四代主人之墓。瞿启甲，幼孤，随伯父瞿秉渊读书，擅文学书法。及长，竭力维护先祖遗书。1940年疾终沪寓，其墓位于瞿氏祖茔之墓穴，"文化大革命"期间被损。1985年由市文管会、古里乡政府拨款重修。今存墓坐东面西，外设罗城和墓门，冢后竖民

国期间所立青石碑一座，碑文已模糊难辨。1989年8月公布为常熟市文物保护单位。（图38）

图38　市级文保单位瞿启甲墓

第五节　非物质文化

"红莲香稻报新成，山歌悠悠民风纯。书香琴韵枕河家，渔村古道入画深。"古里镇历史悠久，文化底蕴极其深厚，非物质文化遗产项目丰富，"白茆山歌""白茆宣卷""民间故事"称为古里的"非遗三宝"，另外还有"民间打铁"（图39）"道教音乐"（图40）"传统手工艺""传统礼

图39　民间打铁

图40 道教音乐

仪"等。

一、白茆山歌

图41 2006年白茆山歌被国务院公布为首批国家级非物质文化遗产项目

白茆山歌（图41）是千百年来流传在白茆塘流域的民间口头文学遗产，是当地百姓劳动智慧的结晶，是吴地民歌中最杰出的代表，无论内容、形式、曲调在整个吴地民歌中都堪称标杆独竖，仪态万方。新中国成立后，历届政府在白茆塘两岸曾组织举办过多次万人山歌对唱会，使白茆山歌生机日盛，声播日远（图42）。白茆山歌曾十五次晋京、二进中南海，向党和国家领导人汇报演出，赢得了领导和专家的一致好评，还

图42　1958年白茆公社成立,龙舟竞赛两岸对山歌

曾走出国门,代表我国民间艺术进行展示演出和学术交流。2006年,白茆山歌作为吴歌的杰出代表入选首批国家级非物质文化遗产代表作名录,被誉为"吴歌一绝""江南天籁之音"。(图43)

图43　上世纪70年代白茆田头山歌

大约在4500多年前,一支良渚文化部族从北方迁徙定居在白茆的坞坵村,即今天的坞坵山位置。白茆山歌在这个时候就开始萌芽发展,逐渐形成自

己独特的风格,并以民间口头文学的形式在白茆塘流域广为流传。在白茆,至今还流传着汉相张良来白茆传授山歌的故事。"张良就是唱歌郎,坐着风筝教思乡",这首山歌记载的就是这段历史。学术界一般认为白茆山歌在历史上具体的出现时间,可从南朝乐府中寻找线索。宋代郭茂倩编撰的《乐府诗集》中有一类《吴声歌曲》,该书第44卷中说:"《晋书·乐志》曰:吴声杂曲,并出满江南;东晋以来,稍有增广……"钱静人在为《吴歌》(1984年11月中国民间文艺出版社)所作的序诗中也说:"《子夜》《读曲》《华山畿》,南朝丽语出清奇,唐宋以来记载少,梦龙功在奠新基。"尽管"唐宋以来记载少",但是白茆山歌仍能为一些古籍所记载。明钱谦益《国初群雄事略》中所载的山歌,是至今我们能够确定的比较早的一首白茆山歌,距今已有600多年历史。至于冯梦龙辑录的《挂枝儿》《山歌》中,白茆山歌就更为多见,其中的许多篇目至今仍在白茆流传。至清初,著名文坛泰斗钱谦益和才女柳如是夫妻二人晚年隐居白茆塘边的红豆山庄,诗歌唱和,给白茆山歌又增添了一段历史佳话。

　　白茆山歌是吴地民歌中最杰出的代表,是江南农耕文化最自然和充沛的情感源泉。种类极其丰富,有劳动歌、时政歌、节令歌、地名歌、历史传说歌、情歌等,形式上不仅有三句头、四句头短歌，也有几十句甚至几百句的叙事长歌，其中尤以劳动歌和情歌最为丰富和广泛，如劳动歌就有：种田歌、莳秧歌、车水歌、开河歌、张网歌、织布歌、绣花歌、采桑歌等十余种；曲调丰富多变，灵活柔丽，旋律典雅古朴，有大山歌、小山歌、四句头、吭吭调、春调、三邀三环、划龙船调、搭凉棚调等几十种山歌曲调，其中最著名的是"三吆三环"。"三吆三环"是白茆独有的山歌曲调，在整个吴地民歌中特立独到，旋律不仅音域宽、气息广，而且速度、调性都有着较大的变化，并有多乐段的重复再现等多样组合，使山歌更具张力和艺术感染力。1995年9月，在苏州举行的"万川杯"江浙沪两省一市吴歌大赛中，白茆山歌力挫群雄，一举夺魁，荣获最高奖——团体大奖；2008年参加"首届全国农民文艺会演"获最高奖——金穗奖（图44）；2010年参加江苏民歌节暨江浙沪吴歌大赛，荣获最高奖——特等奖。

图44　2008年11月，白茆山歌参加首届全国农民文艺会演获得最高奖——金穗奖

另外还有非常独特的白茆山歌庙会。每逢礼佛敬香日（农历每月的初一、十五）或是神佛菩萨的圣诞、成道日，当地百姓都会自发地去当地寺庙举行山歌庙会，盛况空前。节目有山歌独唱、对唱、表演唱、群唱等形式，丰富多彩，深受群众喜爱。在白茆民间常年活跃着多支"佛宣队"，主要从事山歌庙会的演出活动，"佛宣队"成员都是一些比较喜爱唱山歌的老中青男女歌手，他们在日积月累的演出中发挥了传、帮、带的特殊作用，老山歌歌手传教青年山歌歌手，在这个群体里白茆山歌得到了很好的传承。每逢当地庙会如每月的初一和月半、佛祖生日、观音生日以及地方神金太太生日、龙王生日等，"佛宣队"们都会自发地去当地的增福禅寺、红庙、龙王庙、李王庙等处进行山歌演出活动，演唱的内容有劝人为善的《佛偈山歌》、幽默有趣的《盘答山歌》、动听缠绵的《情歌》、叙述历史的《传说山歌》等。（图45）

图45　白茆山歌庙会

二、民间故事

古里镇白茆塘流域是常熟文明的发祥地之一，千百年来古里的先民们开疆辟土，逐水而居，为生存发展而披荆斩棘，将文明薪火代代相传。就在这漫长而又灿烂的岁月更迭中，产生了许多优美动人的传说，关于天地日月、虞山尚湖、神仙英雄、风物特产……可说是应有尽有，瑰丽多姿。民间故事更是在这片富有灵气的土地上千古传承，世代传讲。（图46）

图46　农闲季节的民间故事会

陆瑞英就是在这片土地上出现的传讲民间故事的活化石。她讲述的民间故事，涉及的年代最为久远，内容十分广泛，门类也较齐全，语言生动，极富乡土气息，概括了人生和社会的方方面面。有天地人物传说、乡土传说、家庭伦理故事、生活故事、神奇故事、笑话寓言等，包罗万象，无奇不有。大都健康向上，教育人民心地要善良，要助人为乐，扶弱济贫。她运用朴素简练的语言，展示了对美好生活的热烈向往，对假恶丑事物的嘲讽揭露，对劳动者智慧的由衷赞美，让听众产生愉快、悲壮、敬仰等情绪的共鸣，从而获得多种美的享受。2009年，"陆瑞英民间故事"入选苏州市第四批非物质文化遗产代表作名录。

图47 《陆瑞英民间故事歌谣集》

陆瑞英作为一名优秀的民间故事家，在热心讲述传统故事的同时，还时刻关注着自身生活的社区，关注着她非常熟悉的农村和农民朋友。她收集和演讲了一批与当前百姓生活密切相关的新民间故事，深受听众欢迎和行家好评。其中《住在哪里》《养伲子不如养兔子》等篇目，一经陆瑞英讲述，很快成为家喻户晓的经典故事。2007年，陆瑞英被文化部命名为首批国家级非物质文化遗产（吴歌）代表性传承人，2009年出版的《陆瑞英民间故事歌谣集》（图47）荣获第九届中国民间文艺"山花奖"。

三、民间宣卷

宣卷是在宗教和民间信仰活动中演唱"宝卷"的一种说唱形式，亦称"讲经"。宝卷产生于宋元时期。流传于本地区的宝卷据统计共150多种，可分为"神卷""小卷"（闲卷、白相卷）和"科仪卷"三大类。"神卷"指讲唱各种神道故事的宝卷，有佛教的佛菩萨、道教的尊神，最多的是各种民间信仰的地方神灵。这类宝卷是在做某些"会"（仪式）中所请的主要神灵的故事宝卷。"小卷"主要指根据弹词、民间传说和其它民间演唱文艺题材或民间流传的唱本改编的宝卷，用于做会期间穿插演唱、娱乐听众，所以也称"闲卷""白相卷"。"科仪卷"除个别消灾祈福的卷子，主要用于荐亡超度（或预修"延生"）。按照做会讲经开始供神的情况，分为"素卷"（如《香山》《雪山》《家堂》《玉皇》《太阳》《祖师》《路神》《财神》《灶神》《药王》等，这些神道都吃"素"，供素品）和"荤卷"（如《太姆》《猛将》《总管》《周神》《刘神》等，这些神道大多是地方神，吃"荤"，供猪头三牲等）两类。宝卷大多是一代代传抄而来，主动创作、全面编修的情况很少见。古里民间宣卷，作为《常熟宝卷》重要组成部分，2016年入选江苏省第四批非物质文化遗产代表作名录。

宣卷的传统方式是用木鱼和磬伴奏，宣卷者照"宝卷"吟咏，每吟咏一拍或数拍，敲击木鱼和磬。吟咏完一段或数段后，和佛人（一般四至六人）诵和"阿呀弥呀弥陀佛"，当一个章节吟咏完，宣卷人念"南无阿弥陀佛"。间有说白，均是故事情节。宣卷者说、唱、诵文辞格式化，周而复始。

古里境内做会要请讲经，一般有几种类型：

造好新房后要请道士"谢红"时，一般都要请讲经先生"宣卷"，称"太平卷"，意是保家宅人丁平安无事。

为上了年纪的老人（一般在60岁以上）做寿。请讲经先生"宣卷"，亦叫"收寿生"。（图48）在病人得病久治不愈或有精神症状的情况下，也会请讲经先生"宣卷"。一般当年只宣一次，也有的是每年一次，连续宣三年。在人亡故开丧之日前的

图48　做寿宣卷仪式

夜晚，晚辈及直系亲属守灵、陪夜，要请讲经先生"宣卷"，超度亡灵，一般都是宣讲《指路》《十王》等宝卷。在举行庙会（也称做社）时，也要请讲经先生"宣卷"，宣的大多数是"神卷"，讲的都是些当地民间故事。

古里的民间宣卷活动在清末民初非常盛行，现在更是流行兴旺，其主要依附在民间信仰活动中，与日常生活密切结合，且以实用目的为主，发展出"既尽人事，也求鬼神"的活动准则，表现方式延续着传统木鱼宣卷的纯朴本色。宣卷内容和宣释的旨意大多是劝人为善，提示人们善有善报、恶有恶报的因果关系，同时也有一定的知识性，包括历史知识、宗教知识、民间习俗、社会伦理道德及自然、生活知识等。

旧时，古里民间说宣卷非常流行。请人说宣的原因一是地主富农祝寿，说唱"家堂宝卷""延寿宝卷"等，二是有钱人在八月中秋赏月，说唱"笼灯宝卷""碧玉簪宝卷"等，三是人生了病向菩萨还愿，说唱"太母宝卷""观音宝卷"等。古里还盛行"素佛会"，特别是在观音节最盛，听者以女人、姑娘居多，主要说唱"梁山宝卷""雷峰塔宝卷"和"李翠莲宝卷"。现在古里镇的"民间宣卷仪式"非常兴盛，仪式的内容主要有"保家宣卷"（图49）"五七宣卷""寿生宣卷""礼佛宣卷""开巧宣卷"等。民间宣卷仪式属于古里的曲

图49 保家宣卷仪式

艺类范畴，在形式上比较自由丰富和多样，有说、有唱、有讲、亦舞。唱腔调受白茆山歌的影响很大，基本都是从白茆山歌的唱调而来，最常用有四句头调、十姐梳头调、十里虞山调、社员乐调、说卷调、附和调、三字调、华筵调、乐筵调、三乐调、九恒调等。古里的民间宣卷仪式开始时总会用"佛偈山歌调"来开场请佛，一般的宣卷仪式从早上6点开始到晚上6点结束或从晚上6点开始到第二天早上6点结束，持续12个小时，周边四邻都能前来观看，非常热闹。在整台持续一天的宣卷仪式中，只要宣卷先生小歇，和佛妇女、四邻看客们就会来一段"抛佛偈山歌"，以增加主家的热闹气氛。"抛佛偈山歌"形式多样，内容丰富，内容最为精彩的是下午的《献荷花》或《献元宝》节目，宣卷先生边唱边舞，众和佛人及四邻观看的善男信女一起唱和。

第三章 风物掌故话传奇

自古以来,古里镇劳动人民扎根在延绵数十公里的母亲河"白茆塘"两岸,在漫长的历史长河中,用自己的智慧慢慢创造并形成了许多具有江南水乡特色的民俗风情、丰富多彩的风物掌故和令人垂涎的地方风味。

第一节 岁时习俗

古里镇民间的岁时习俗内容丰富、形式多样。既有江南地区普遍相同的民俗内容,也有独特的地方民俗样式,韵味十足。

一、传统节日

古里镇旧时相沿成习的传统节日主要有:

春节 农历正月初一至初五的节日活动内容丰富,各有讲究。年初一家家户户贴春联,凌晨放"开门爆仗",男女老幼穿新衣,谓之"过年",象征万象更新。小辈向长辈拜年。亲友、熟人见面互道"恭喜"。早餐吃团圆糕点,寓意"团圆""高升";中午吃面或馄饨,以求"长寿"和"兜财"的吉利;泡茶放青橄榄(谐减难),有吉祥消灾之意。入夜,各家提早入寝,称"关日头瞌"。桌上放团圆,以供老鼠食,俗称"老虫(鼠)做亲"。是日,一般不串门,合家团聚,全天不借火、不汲井、不扫地。商店休业,街上多设摊售年画和儿童玩具,古里境内各集镇有跑马戏、变戏法、套泥人等游乐活动。初二,开始走亲访友,俗称"跑亲眷",互相拜年,馈赠礼品,互请吃饭,彼此应酬。初三,称"小年朝",吃"百岁圆"。农家则把节日积存的垃圾倒在田角上,称"划田财"。初五,传为"路头(财神)生日",家家要"接路头",自初四深夜起焚香点烛,迎接财神。初五早餐店主带领职工拜路头,必须逐一呼名,被呼者继续雇佣,而未呼者即暗示解雇。商贾举行"接财神"祭仪后,在店内吃"路头酒",祈求财源旺盛,生意兴隆。是日,商店开市,曰"应市"。

新年中,还要在祖先神像前放置一座饭山,用淘箩满置白米,插上冬青柏枝,并嵌上染色的花生、橘子,中竖一杆小秤,旁竖两支甘蔗,寄寓米粮如山、万年长青、称心如意、节节高升等美好愿望。

新年盛行吃暖锅，形状有方形、圆形、六角形，居中有管，锅内装满荤素菜肴，铺排整齐，使用时把炽热的炭火放入管中，锅肴始终保持沸热。

春节期间举行山歌庙会，作为国家级的非物质文化遗产，古里镇的白茆山歌已有几千年的传唱历史，山歌庙会也由来已久，并且这一民俗样式为古里的白茆地区所独有。

元宵节　农历正月十五日为上元（俗以正月，七月，十月三望日为上元，中元，下元日），上元之夜又称"元夜""元宵"。是日，家家吃元宵（汤团），晚上户户焚香点烛，迎接"灶君"。是夜，古里的龙旋寺、增福禅寺等庙宇人海如潮，灯市如海，热闹非凡。各商店悬灯挂彩，招徕顾客。男女老幼纷纷上街观灯，儿童牵着兔子灯、提着各式花灯游逛街道巷弄。大街小巷，燃放鞭炮焰火，"九龙""地老鼠""兰花筒"等五光十色，闪耀灼烁。村民还要"点点财"，点燃柴把，在田中摆舞，边舞边唱"点点财，财财财，我俚来"，以祈求田财神保佑自己农田丰收。

农历二月初二　相传要贴"蜒蚰榜"，"上写二月二，蜒蚰蚂蚁百脚诸虫齐下地"，贴于台脚、床脚、灶头下部以示告诫诸虫。村民要吃米糕，称"撑腰糕"，大忙干活不腰酸。小孩都要剃头（理发）俗称"剃虫豸"，祈求小孩不生疮疖。

立夏　立夏时节樱桃、青梅、稞麦上市有"立夏见三鲜"之说。是日，民间有蚕豆尝新，吃草头（金花菜）摊面衣和咸鸭蛋之习俗，以祈求夏季平安康泰。并要"秤人"（秤体重），相传可不疰夏，防止蚊虫叮咬，确保夏季身体健康。

端午节　端午节是古老的传统节日，始于春秋战国时期，至今已有2000多年历史。"端午节"又称"端阳""天中节"，时间在农历五月初五。是日，各家将菖蒲、艾叶、蒜头扎在一起，悬挂门首、床头等处，有的还贴神符，挂钟馗像，以示"辟邪驱鬼"。室内用苍术、白芷等物烟熏，驱逐虫蛇。民间饮雄黄酒，小孩穿五毒衣，并用雄黄酒书"王"字于小孩额部及涂于耳朵手足心，说是夏天可以不被虫叮咬。余酒洒墙壁门窗，以驱毒虫。妇女用彩绸丝绒制成粽子、老虎等形状的"香囊"，挂在小孩胸前以驱恶邪、避百毒。是日，吃粽子赛龙舟。粽子的名目繁多，有火腿粽、鲜肉粽、赤豆粽、白米粽等。端午节吃粽子、赛龙舟与纪念屈原相关，有唐代文秀《端午》诗为证："节分端午自谁言，万古传闻为屈原。堪笑楚江空渺渺，不能洗得直臣冤。"

夏至　夏至是中国一年中白天最长的一天。夏至吃"夏至粥"，粥里有红赤豆、蚕豆、黄豆、玉米子、元麦等，高级的还有莲心、枣子、栗子等调以白糖、红糖等。在古里民间有谚语："夏至不吃粥，死了无人哭。"

中元节 农历七月十五日为"中元节"，俗称"鬼节"。是日，新亡者之家，亲属前往拜灵座祭祀，谓之"新七月半"。城乡人民在"中元节"前要祭祀祖先，称"过七月半"。

七月十四夜 俗称"鬼放假"。旧时，常约束子女，不许他们外出，所以在黄昏时分，街上小孩很少。睡时鞋要翻转底朝天，以防鬼踏。并要把晒衣竹杆移放室内，以防鬼晒衣服。又因鬼喜茄棚，故人们常在七月十五前要将茄棚拆掉，并做茄饼，用以祭祀。境内民间尚有七月半吃茄饼、吃馄饨的习俗。

中秋节 农历八月十五日为中秋节，俗称"八月半"。"月到中秋分外明"，中秋被公认为团圆佳节。是日，吃月饼、糖烧芋艿，亲友间也以月饼相赠。入夜，各户庭中"烧香斗"，香斗是线香制成，形似升罗，有的"香斗"扎成楼台亭阁，争奇斗艳，供奉月饼、瓜果，为之"斋月宫"。是日，妇女盛装出游，名"踏八步""走三桥"，以祈无疾交运。现在"斋月宫"，合家团聚，吃月饼、糖烧芋艿风俗仍然延续。

廿四夜 农历十二月二十四俗称"廿四夜"，是日晚上，要祭祀灶君，送灶君上天。祭灶时，除了供奉一般的菜肴果品外，还要供上糖团子和糖元宝之类的饴糖制品，并要在灶家殿上贴一副"上天言好事，下界保平安"的对联，意在让灶君吃糖或糖团子，把嘴粘住，上天之后只说好话，以求合家平安康泰。斋灶前，还要采集冬青柏枝，用三根小竹竿，外面敷以柴草、豆萁捆成70公分—80公分高的三脚架，斋灶结束后，将灶神像连同香烛放置在架子下，点燃，燃烧时发出噼里啪啦的响声，叫做"冬青柏枝爆三万"，意思是祝愿来年兴旺发禄。是日，家家都要吃糖团子，并要掸檐尘，将里里外外打扫干净，准备过年，乡村田间燃长炬（碳茅柴）烧死害虫，名曰"照田蚕"。

除夕　农历最后一天为"除夕"，也称"大年夜""年三十"。民间很重视这个节日，常年在外的人都尽可能回家过年。各家要祭祀祖先，称"接真"。祭毕，合家围坐一桌，吃"年夜饭"。吃了年夜饭，就算长了一岁，饭后，长辈持"压岁盘"给儿孙，内装茶食、糖果、红纸袋，袋中贮钱币，称"压岁钱"。堂上点"守岁烛"，半夜不寐，称"守岁"。深夜，各家就寝前，要放"关门爆仗"。

二、婚嫁习俗

旧时，男婚女嫁是"父母之命，媒妁之言"的包办式婚姻，具有封建的宗教观念和迷信色彩，礼俗繁琐。一般经过央媒、赊小盘、赊大盘、结婚等过程。

央媒　由双方家长为子女选择门当户对、年龄相近的对象，由男方指定媒人到女方家去拿庚帖（女方的生辰八字），然后送到男方，媒人进门不开口，把生辰八字压在灶台上，在男方家吃顿饭。随后男方持男女双方的生辰八字请算命先生占卜，看女方对男方家里人有无冲碰，如有冲碰，则婚事不成功；如"合肖"，即配口生得"吉"，媒人通知女方择定日期定亲。新中国成立前多数是娃娃亲。

赊小盘　就是定亲。男方选定吉日，备大红"求"字帖，附首饰、衣料，包在一条衣裙里送到女家，称赊小盘；女方收帖受礼称"纳彩"，备大红"允字帖"和"年庚帖"，交媒人归报男方表示允诺，俗称"定亲"。男方邀请男女方媒人和亲友设酒宴热情款待。

赊大盘　男女双方到结婚年龄，男方选定结婚日期遣媒人到女方家，征求女方同意，女方认为嫁女经济有困难，要推迟结婚，经媒人往返几次，才商定"赊大盘"，同时言明"赊头"（彩礼）多少。旧时一般一岁一担米，如今讲多少钞票和金首饰，另加衣服钱。赊大盘那天，男方要办16只盘，盘内装糕、团、水果、糖食、鸡、鱼、烟、酒、红蛋等，每样一盘，有一名"行官"带班到女家。放爆竹，女家煮团圆、吃团圆，盘搬到中堂前，女家酌情收受，余盘转回。从古到今民间流传不赊当年盘，即今年赊盘，明年结婚。

图50　邻家有女出嫁时

结婚　赊过大盘婚期一到，男女两家热闹非凡，张灯结彩，备办喜酒，宴请亲友。（图50）

结婚有"前三朝"和"后三朝"之习，前三天男女两家忙于备货办事，婚日前一天称"待媒"。男方派懂礼节又老练的人当"行官"，来往接送媒人，而媒人数量不等，最少两名，最多十二名，男家媒人一名，其余都是女家媒人，称"坐媒"，一般都是女家的直系亲属。这天主媒和行官都很忙，主要赊礼事。礼事习俗繁琐，男方要包十几只"红包"，如：礼金、离娘金、外里太金、抱舅金、和合金、成团金等，由男方主媒把红包交于女方，女方认为太少，媒人来回几次叫"涨高、涨高"，讨个好口风，才能定局。正日那天，民间称"好日"。新郎要到丈人家做女婿，并随带丰盛的酒席孝敬丈母娘。水路用快船，将到女家，爆竹齐放，舅爷出来迎接上岸，舅爷与新郎对拜，领进中堂，殷勤款待，呷茶，加点心，发小饭，接着发酒席，称"新女婿吃独桌"。正日那天，女家把所有嫁妆摆在中堂。嫁妆运到男方家有两种形式：古里镇北，男家派人去女家起妆，要出起妆红包；古里镇南，女家人送妆，到男家得进门红包，并把嫁妆全部搬进新房。一只子孙桶到男家门槛边，等东家拿出红包，且几次说"涨！涨！"据说是讨吉利，表人丁兴旺发达之意。男方发轿迎亲，乐队前导。（图51）新娘盛装上轿，头盖红绸巾，正坐中堂，踏过蒸笼（新娘两脚踏在蒸笼里表示蒸蒸日上），然后由兄弟抱新娘上轿，母女须哭泣表示惜别，称"哭家媛"。船到男家河滩头，爆竹齐放，男家"抢水"落团圆（背绑两甘蔗，手提两提桶，到河沿取水）。新娘一到男家，爆竹齐放，鼓乐声起，喜娘

图51 迎亲

搀扶新娘起身,抱到门槛边,蹲在长凳上,再由亲属抱到堂前,新郎新娘各执红绿绸两端,称"红绿牵襟",地上铺青布袋,踏袋而行,请福寿双全子孙绕膝的夫妇传接青布袋,而且还要唱"传袋来哉!传袋来哉!"轮番传递入新房。新夫妇并坐床沿,新郎用秤杆挑去盖头红绸巾称"挑方巾"。稍后新郎新娘再至中堂拜祖先。(图52)然后新娘在堂前"叫开口",凡被叫的长辈都有送上见面钱。接着以酒宴待新娘,新婚夫妇饮"合卺酒",也就是"花筵夜饭"。待新郎新娘回房后,宾客拥入新房讨喜糖,称"闹新房"。新娘的兄弟到男家"做舅爷",以酒宴相待,而后舅爷到新房,以茶相待,与新娘道别,即把准备的"铜钱"抛向床顶床底,祝贺新郎新娘发财致富满地金。翌日,女方备礼物送往男家做"三朝",然后新婚夫妇回娘家,称

图52 夫妻对拜

"回门"。女方家整酒款待新女婿。

三、喜庆习俗

贺生子 旧时媳妇生儿女要庆贺。临产前由娘家备鸡蛋、鲜肉、面和婴儿内衣等送往男家，称"催生"。男家将面煮熟（上加白蛋和肉）分赠给亲友，预报喜讯。产妇分娩后，要染红蛋，先送往娘家报喜，亲友一般备鸡、蹄膀、赤砂糖和绒线（或一段布）四色礼品慰问产妇，也有送八色礼品的，其礼品称"宿母羹"，送"宿母羹"俗称"吊宿母"。生儿三日，敬神祀祖，设筵请客，称"烧三朝"，婴儿满月，再设"满月酒"请客。为婴儿剃除胎发，外婆家要给孩子送去吃的、穿的，还有摇篮，俗称"下摇篮"。做过"满月"，产妇方可出房。此外，小儿满百日，要做"百日"。婴儿生后一年，外婆家又要送衣服，男家还要办酒，称"满期"。但一般清贫人家不拘此礼，多数劳动妇女为生活所逼，甚至产后几天就下田劳动。

新中国成立后，旧俗逐渐简化，染红蛋、"吊宿母"仍一直流行，主家以红蛋、团子、蛋糕赠与亲友。20世纪80年代开始，尤其是进入21世纪以后，某些旧俗如"烧三朝""下摇篮"等又开始盛行。

祝寿 又叫"做寿"。一般自50岁开始，逢十做寿，称"正寿"，但也有逢九做寿的。做寿前，先向亲友发请帖，亲友赠寿面、寿桃、寿烛、寿联等，也有用红纸包钱做寿礼。寿诞之日，主家布置寿堂，中挂寿星画像或用大幅红绸寿幛，上缀金色"寿"字，左右挂寿联，案上置寿桃、果品、寿面等。亲友在堂上向寿主拜寿祝贺。旧时吃寿酒只是富裕人家之举，清苦人家只吃寿面。现在社会上老人祝寿和为小孩祝诞（过生日）之风很流行。寿礼一般赠高级蛋糕、寿面等。

贺造房　旧时建房，上梁之日，亲友送馒头、糕点、鸡、肉等礼物，也有送现金红包。上梁要选吉日良辰，敬神祭祖，鸣放鞭炮，并由作头登梁说吉利话，撒馒头、糕，称为"抛梁"，围观者争相俯拾。正梁上贴红纸，上书"福"字或"三星高照"，并将一个有粮米的青布袋和万年青系在梁上，称"代代青"。堂上还布置"登科发禄"（又称"饭山"），用竹箩装米，上插秤杆、万年青、柏枝、红皮甘蔗，内放糕、碗等物，意为"秤心如意""节节高""万年粮"。是日宴请宾客、工匠，俗称吃"竖屋酒"。也有在新房落成后办竖屋酒的。

第二节　掌故传说

美丽的古里，神奇的古里，带来一片神秘的色彩，从远古而来。一个掌故，一段传说，一个故事，叙说着古里的风貌灵性，讲述着古里的人文传奇……

老龙王受罚

古里镇园泾村东面，那里溇、塘、浜特别多，很早以前就流传着老龙王蛰伏园泾受罚的故事。据说，很久以前，老龙王不受玉帝旨意，野性大发，时常兴风作浪，连年发大水造成洪灾，老百姓叫苦不迭。消息传到玉帝那里，玉帝大怒，决意要惩罚老龙王，于是就叫天兵天将捉拿老龙王，并把它押解到常年干旱缺水的园泾村，让它吃一年旱官司。老龙王被押解到那里后，只能匍匐在荒田野草间，一动也不能动，任凭干旱的煎熬。半年后，老龙王快要干死了，玉帝叫手下放一颗夜明珠在它面前。老龙王看到前面一颗金光四射的夜明珠，想吞食充饥，但没有吃到，只吸到了一大口水，这下龙王觉得有救了，用尽力气一定要吃到夜明珠，可那夜明珠像得了魔法一般，渐渐往后移动。老龙王虽吃不到夜明珠，但一口口水救了它的命。这样艰难的日子又过了半年，老龙王一年受罚期满，忽然天降大雨，天兵天将把老龙王押上天庭。园泾村却留下了老龙王匍匐爬行的一道道大小不一的池塘、浜溇。过往的百姓问道这里一年来怎么发生了这样大的变化，有人就道出了其中的原因，是老龙王匍匐在这里受罚时造成的，那个大溇是龙头，高踞溇是龙身，明珠溇就是夜明珠，还有多条小河浜是龙爪和龙尾。直到现在如果你站在高处往下看，活脱脱还像是一条龙的形状。

泥马渡康王

北宋末年，金兵进犯中原，宋都汴京陷落，徽宗、钦宗二帝被俘。徽宗小儿子赵构也被俘，金元帅完颜兀术（俗称金兀术）见这个年轻人天资聪颖、眉清目秀，心想自己没有小辈，等这个小伙子长大后做自己的儿子，将来可有靠了，就认他为干儿子把他带在身边。一次，金兀术在帐中独自饮酒，忽听帐外有鸟叫声，便踱到帐外一看，只见一只大鸟扑扑翅膀，往南飞去了。这时跟在兀术身旁的赵构也看到了这一幕，他灵机一动说："父王，我去把它追回来！"金兀术未加思索就答应了。赵构追了很久，仍不见大鸟的踪影，前面已是长江，只见滔滔江水拍打着堤岸，江风吹来，觉得有些寒意。正在这时，前边出现了一位须发皆白的老人，手里牵着一匹白马，对他说："主人，快上马，驮你过江！"赵构觉得这老人好像在哪里见过，开口想问时老人却不见了，他就骑上马背。白马跃入江中，飞一般地破浪前进。不一会儿，白马一跃就上了岸停下了。赵构揉了揉眼睛，下马一看，这是个陌生的地方，他回过身来想上马再行，只见白马一动不动地站着，身上还淌着水滴。赵构用手抚摸马背，马背上即脱落下许多泥巴，忽然间白马竟成了一堆泥土。这就是常熟浒浦"马化墩"的来历，也成了常熟人妇幼皆知的"泥马渡康王"的传说。

金兀术见干儿子追鸟一去不回，忙吩咐手下将士去寻。赵构一心想离开金营，跑得上气不接下气，来到一个村庄，村上有一金姓大户，有兄弟七人，个个练就铮铮铁骨，武艺超群，追兵受到金家兄弟的阻击后，伤亡过半，只得收集残部，缩回江北大营。

赵构继续奔跑，又到一个村庄，这时他满头大汗，筋疲力尽，就停在树下，脱下外面衣甲稍事休息，后来这个村就称作"下甲"村。接着，赵构继续往南走，傍晚时，见前面有三间草房曰"崔家寺"，准备进去投宿。只见寺内走出一位长者，见来人风尘仆仆，便招呼他进去。赵构在崔家寺住了三天，觉得外边很平静，加上老者的款待，自己的体力已渐恢复，就告别老者直奔杭州（当时称临安），见到了韩世忠。韩元帅辅佐赵构在杭州定都，建立南宋王朝，赵构成了南宋首任皇帝——宋高宗。

宋高宗登基后，想起白马南渡后种种往事，便下诏书封金氏七兄弟为总管，这就是后来总管庙里的总管菩萨；同时还下诏书并拨款改建"崔家寺"，并赐"龙旋宫"三个字。住持在宫内设立龙位一个，上书"皇帝万岁、万岁、万万岁"字样。

杀"鞑子"

相传，宋朝末年，北方少数民族首领忽必烈领兵攻打中原，宋王朝灭亡，建立元朝，忽必烈称帝，即元世祖。中原以汉族为主，元世祖为了巩固统治，就想了一个办法。江南汉族，每五户人家派一个"鞑子"，也称"五圣"。这个"鞑子"一定要是元世祖本族里的人，名为传播农业，如江南原来种水稻，从元朝开始引种小麦；但实际上这个"鞑子"是监视汉族人活动的探子，农民们每天收工，凡是铁制农具，如镰刀、锄头、铁锹集中收藏，农民出工须向他领取，其衣食住都由五户农家负担。时间长了，民间对"鞑子"恨之入骨。江南常有农民想杀"鞑子"。

有一年中秋节，民间在八月半吃月饼时，发现饼内的油质纸，对着月亮一看，显出五个字"今夜杀鞑子"。不多时，只听到处是敲锣声，"大家动手杀鞑子啊！"人声鼎沸，一夜之间就把"鞑子"杀光。朝廷毫无办法，只好把"鞑子"封为"圣人"，并规定，以后各家四时八节都要供奉"五圣"。时间长了，就成了"五圣老爷"，所以"五圣"没有庙宇，只有信"五圣"的人家，屋里才有座"五圣"小佛台。

大鲇鱼耕深白茆塘

传说明朝海瑞任应天府巡抚时到常熟检查水

利。发现白茆塘因年久失修，淤塞不畅，连年遭水灾。

海瑞上奏朝廷，允许疏浚白茆塘。海瑞筹集资金，着手开拓白茆塘。他照顾农民，农忙时农民回家种田，发动和尚、尼姑、市民开河挑泥。农闲时发动群众，全民动手开河。海瑞还亲临工地，视察河工进程，关心民工生活。从常熟小东门外到长江出口处，80多里长的白茆塘，有40多里长的河道淤塞狭窄。鲇鱼口河道最狭，费时费工最多，任务最艰巨。海瑞曾向皇帝立下军令状，到第二年的立夏放水通江，汇报朝廷。此时经费耗尽，期限将到。海瑞急中生智用了一个妙计，把负责白茆塘疏浚工程的人斩了，抬着棺材到工地示众，棺材的缝隙里滴下血水，民工们看到滴下的血水，个个为之震惊。于是日夜奋战，大战了七七四十九天，工程基本结束。其实棺材里放的是一只宰杀的猪，滴下的是猪血。

工程结束后，皇帝派严嵩来验收。大奸臣严嵩一直视海瑞为眼中钉，早已派密探探得白茆塘河宽10丈，就故意在长江口造了一只大船，船长10丈。从长江口进来，如发现河狭，只要将船一横，就知道白茆塘的宽度，如发现船搁浅，就以河狭窄为由上奏朝廷，说海瑞贪污了经费，延误了工期，要问斩海瑞。

事有凑巧，在严嵩进白茆塘的前一天夜里，下了一夜的倾盆大雨，河水暴涨，河面加宽，严嵩的大船畅通无阻，使严嵩的毒计破产。

后来，人们为这巧事编出了一个更神奇的故事，说长江里进来一条大鲇鱼，在鲇鱼口翻了几个跟斗，耕宽耕深了鲇鱼口的狭窄段，救了海瑞大老爷，从此这段河道就叫做鲇鱼口。鲇鱼口有五条河交汇：尤泾河、大瀹河、王港瀹、三丫江、童家浜河，也叫鲇五口。民间"鱼"谐音念"五"，故鲇五口一直叫到现在。

第三节　特色美食

古里的点心、菜肴，不但历史久远，且别具风味。传统的点心、菜肴基本上与常熟邻近乡镇相仿，花样多、口味纯，深受人们的喜爱。

一、特色点心

图53　鸭血糯

鸭血糯　古里镇的坞坵村土地肥沃，河网密布，是典型的天然优质稻米产地。自宋代开始就盛产"红莲稻"，即鸭血糯米，血糯红芒长秆，成熟时谷粒皮壳呈浅紫色,脱皮精碾后米粒殷红如鸭血,古称"红莲糯",俗称"血糯",民间把这种血糯米蒸制成点心,特别香甜可口。到了明清时期,成为贡品,被引为御膳珍品,故被称为"御田胭脂米"。清代著名诗人孙原赐在描写坞坵村时这样写道:"红莲香稻报新成,一饱思君梦转清。夜半江乡饥雁语,芦花菰叶不胜情。"(图53)

现在坞坵村作为古里镇的优质稻米基地,已建成国家级(坞坵)优质水稻标准化示范区,坞坵现代水稻产业园区被认定为"苏州市现代农业园区",成功创建了"江苏省高水平农科教结合富民示范基地""水稻、小麦高产增效创建省A级万亩示范片"。生产出了"坞坵""白禾"等脍炙人口的优质大米品牌,深受消费者的喜爱。

徐裕泰点心 清乾隆年间,做糕点生意的徐裕泰(图54)从南京迁移至古里定居开店。徐裕泰最

图54 徐裕泰百年糕点店

出名的是酒酿饼,素有"江南第一酒酿饼"之称。月饼也很出名,种类有白果、五仁、豆沙、椒盐、蛋黄、芝麻、鲜肉等六七种。其中现做现卖的鲜肉月饼皮薄馅多,色泽光亮,吃起来皮酥松脆,肉汁四溢,鲜美可口。店主徐胜已是徐裕泰的第八代传人。(图55)

蟹肉心馒头 每逢入秋季节,蟹肥菊黄之时,境内各集镇几家点心店都制售蟹肉心馒头。其中袁老大馒头店供应的蟹肉心馒头最具特色,以皮薄馅大,紧酵多露著称,里人过客,都一尝为快。

各色汤面 古里集镇供应早点自古到今均以汤面为主,民国时期各集镇就有面点四五只。花色有爆鱼面、大肉面、小肉面、鳝丝面和清汤鸡面等。面条都用手工打制,既细又韧,汤色清澈,味道鲜美。汤面中名气最大的淼泉小肉面是虞城名点,小

图55 徐裕泰酒酿饼

肉面的祖传世家王家就位于淼泉集镇西街。小肉面浇头是用鲜肉洗净后切成一至两寸见方的肉块，放入镬子内烧熟，捞起后再放葱姜、黄酒，用文火在砂锅里焖煮备用。王家通过反复揉、擀后切出来的面条又细又长又均匀，放入汤锅，用长筷子慢慢搅动，熟后即捞入碗内，再放上之前煮好的小肉和浓浓红汤，最后撒上蒜叶和姜丝，一碗色香味俱全的小肉面就可上桌了，香飘八方，远近闻名。

二、时令糕点

古里民间传统自制应时糕点，名目颇多，每当农历十二月底，廿四夜前后大寒节令，家家都要蒸糕，用糯米和粳米按一定比例磨成糕粉，加上糖料及其他配料蒸出红糖糕、白糖糕、赤豆糕等。在白糖糕上面撒上桂花、红绿丝，并嵌入蜜饯，形美色佳，香甜宜人，为春节期间人们常食的早点之一。清明前后，古里农家有做青团子的习惯，即用糯米粉拌以麦叶汁（考究一点的用象麦草汁）做成皮子，用豆沙、猪油拌糖或用芝麻粉加白糖做馅，在锅内蒸熟，其外观青翠悦目，吃时清香扑鼻，一般外出走亲戚时以此作时令佳品馈送亲友，现在李市的青团子远近闻名。其他节令还有番瓜饼（南瓜饼）、方糕、定胜糕、重阳糕、萝卜丝饼、肉饺、海棠糕、巧果、粽子、苏式月饼等，都有专门技法制作，大部分流传至今。

操办婚丧喜庆时制作的点心有烧卖（造房起屋勿用）、冰葫芦、春卷、枣泥西施糕、山药糕、八宝饭、炒面、绿豆汤等。日常生活中居民家庭自制的传统点心有各式团子、芝麻番瓜饼、油炸巧果、豇豆糕、桂花夹心方糕、松仁糕、粽子等。还有酒酿饼、油条、豆浆、焖山芋以及臭豆腐干等。

三、特色菜肴

图56 粉蒸肉

粉蒸肉 是古里常用菜肴。以五花肉为原料，配以料酒、葱、姜、酱油、盐、糖、味精等，腌渍2小时后用炒熟米粉拌匀，外面包青荷叶，放蒸笼上蒸熟，待食用时再复蒸。（图56）

神仙鸡 取当年母鸡一只，约重两斤左右，宰杀、去毛、除脏后晾干水待用。鸡肚中塞进火腿肉、开洋、蘑菇、笋片等，再把整鸡放入砂锅，加入料酒、葱姜盐等，用拌糊的面粉把砂锅盖

图57 神仙鸡

密封，然后把砂锅放入无水的镬内烧。先烧一个半草把，撒上些砻糠，待一小时后再烧一个草把，撒上些砻糠，再隔一小时后即成。此所谓"两个半草把蒸只鸡"。（图57）

糖醋桂鱼 将一斤左右的桂鱼洗净晾干，用适量的盐、酒、酱油等腌渍半小时，开油锅将鱼炸成金黄色。加料酒、葱、姜、糖后再烧煮，起锅前淋上酸醋即成。（图58）

图58 糖醋松鼠桂鱼

松鼠鱼 选用1斤—2斤的鲤鱼或草鱼，宰杀去脏洗净，用刀纹出细条斑，加酒、盐等调料腌渍后上笼蒸熟待用。临食前，把鱼放入热油锅中氽透（以脆而不枯为适度），起锅时用生粉及佐料勾芡浇上即成。形状像松鼠，色形俱齐，脆甜可口。

毛豆炖蟹 旧时，古里境内一般田间、河道、水沟随处可捉到河蟹，市上售价十分便宜。新中国建立初，花二三角钱即可买到一大串（十几只）。食用时常把蟹切成两

图59 毛豆子炖蟹

段，放入新鲜的毛豆、油、盐、姜、葱、酱油、黄酒等调料，在饭锅上蒸熟，其味鲜美，是佐食佳品。（图59）

炖酱　旧时民间有自制酱油和甜酱的习惯。在夏日，将蚕豆去壳煮烂与面粉拌匀切成块状，放阴凉处发酵后，放在缸内注入一定比例的熟盐水，在阳光下暴晒一段时间即成甜酱。将甜酱和毛豆子、豆腐干拌匀置饭锅上炖熟即为炖酱，较考究一点的，还放一些猪肉块、鲜虾等，味道更佳。古里农民崇尚节俭，若有当天吃剩的肉、豆均可塞入酱碗中，炖熟后不会馊，可连续食用。也有用上述调料炒制后食用，称"炒酱"，其味同样鲜美。

熏塘鲤鱼　塘鲤鱼在水乡地区是极易捕捉的鱼类，肉质细腻，有多种吃法，有些农家流行熏蒸食法。将鱼去鳞，内脏洗净后，稍拌盐花，蒸熟、吹干，再上架在锅内用木屑烟熏，当熏成黄色后取出，趁热加葱油、味精，其味独特，鲜香无比。也有人家用此法熏蛋、猪肚等食品，能收到同样效果。

素蟹脚、炖盐水　取野生苋菜杆，用腌制水浸泡，放入甏中发酵。待杆发软后取出加油、盐等佐料炖熟，其味鲜美，人称"素蟹脚"。取其水，加入面粉调成糊状，于饭锅上炖熟，谓之"炖腌水"，其味可口。

第四章
地灵物华出英才

"子孙承家励名行,读书声响环溪浜。""烟雨冥蒙昼景昏,农歌四野竞纷纷。东村群唱西村和,南陇余音北陇闻。"书声在枕河飘出,山歌在田间唱响,吴歈在村庄回荡。有着悠久读书传统的古里,人杰地灵,人才辈出。

第一节 本地名人

一方水土一方人。江南山水,孕育出千年辉煌,古里群贤毕至、人才辈出,这里古代曾走出一名宰相、六名进士。近现代也涌现出一批为国家和民族作出杰出贡献的优秀人才。

沈元谅(生卒年不详),祖籍汝南,因祖父沈彦文曾任泰州儒学教授之职,遂全家迁至古里镇白茆。沈元谅以其学识好、品行正而闻名乡里。宋代宝祐年间,任沿江制置使的外舅父丘岳曾推荐他做官,但他始终不就。

顾细二(生卒年不详),浙江上虞人,精通天文地理,擅长作诗。元初,赵孟頫欲推荐其入仕途,顾细二推辞不就,远行到常熟,在补溪安家定居。当时的书籍中有他的赋,《夷齐》《采薇》集中也有他的诗作。顾细二死后,葬在补溪东,墓旁有他亲手栽植的桧柏,至今已有500多年,荫绿依旧。其子顾文聪,字寿之,元末时告诫其子孙:不要广置田园地产为自己增加罪戾。顾文聪之子顾铭被人诬陷,罪当发配,顾铭的儿子顾汝向官府哭求代父服罪,官府感其孝心,同意顾铭在家养老告终,顾汝则被发配远方。顾汝,字汝贤,年少时就厌恶科举,不求功名,潜心于义理之学,登门求教者甚多。

钱甦(生卒年不详),字更生,古里人,元末明初人。宋代钱俣裔孙,学识淹贯,力田务学,所与游者皆为远近名流,为人刚毅寡合。明洪武初,与当地豪绅之家有隙,被诬陷,逮捕入狱欲将其处死。钱甦儿子钱迪请求代父受罪,钱甦才得以脱身归居。明洪武十年(1377)秋,钱甦观天象奇变,上书议论时局,又上《祭元幼主文》,朝廷欣赏他,传旨要他出山,钱甦推说有病。帝赐予拐杖,并口传皇命,凡钱甦进京路上向吏民宣讲国家政局变化都要倾听。明洪武初,归隐返里,终老于古里村。明朝副都御史吴文恪称赞钱甦:"学端而专,志高而毅，实乡先辈之伟人。"

钱仁夫（1446—1526），字士宏，号东湖居士，古里镇钱家仓人。明弘治十年（1497），常熟县令慈溪人杨子器毁各乡祠庙，钱仁夫力劝，可改社学，酌量留之，即将古里湖口村的道观三官堂改为社学，内设孔子像，延师授课创办东湖书院。明弘治十二年（1499）中进士，授工部都水司主事，分司山东临清，领卫河提举司，兼理漕渠闸事，升为缮部员外郎。秉性耿直，后因不满奸佞刘瑾专权，遂称病告归，居钱家仓家中。生平博览群书，为文雅赡，诗有唐人风，善楷隶，画山水竹石有逸致。与同邑杨循吉、沈周诸名士交往甚密。明正德二年（1507），钱仁夫出资拓新，取名东湖书院，刊印书稿等。"青衿数十，晨集暮归，弦读之声，洋洋盈耳。"钱仁夫亲自计课，开古里私人办学之先河，这种办学风气差不多留传三代，是钱仁夫退隐生活中的重要内容。钱仁夫著作颇多，散文有《寄蒋子修》《御史蒋公墓志铭》《崇福庵殿记》《雪舟记》《今雨轩记》《重建正蒙社学记》《东湖书院记》等，诗歌有《和邑军郑州黄元吉民风十绝》《民俗歌谣》等，其中以兴修水利为主题的歌谣，颇具现实性和人民性。钱仁夫在歌谣之首"有引"，摘录如下："别驾张公，本以治农来苏，今年分治常熟，锐意开浚，下海诸泾浦，为吾水乡之民急去前之害，真若救焚拯溺，仁哉，君子之用心也。仁夫日睹盛事，不能嘿嘿。每开一泾，则有一泾之谣，自耿泾通至行春桥通十章，然有道其已。然而冀其将然者，皆间巷歌谣之辞耳。凡我同志倚歌和之，观民风者来焉，可以知政治之得失，俗尚之美恶矣。"

顾立（生卒年不详），字成夫，顾细二裔孙。为人慷慨，有志向。明正德年间在乡里做官，当时一施姓郡丞被贬，贫无回家路费，顾立出资为他送行。顾立曾任乌程主簿，当时乌程地势低洼，常被水淹，顾立号召民众筑堤挡水，以保种植。乌程邮路偏僻，常有虎患，顾立将邮路移之坦途，确保安全。在乌程期间，福建一带盗窃横行，顾立号召民众造兵器，筹集军饷。当乌程境内起盗窃之风时，都御史发文令顾立平息。顾立以其谋略，平息了窃乱。后顾立入主云和县，云和属新设置的县，民风犷悍，顾立治县安邦有方，深受台司赏识，拟推荐他升为郡守，可惜他突然去世。云和人为他建立祠堂祭奉。顾立在云和时曾选拔婺人子金钟于童幼，金钟后来成为都御史，当他巡视至吴地时，到其墓前泣拜，并为顾立建了家庙。顾立著有《流芳稿》《辕门集》。

严讷（1511—1584）（图60），字敏卿，号养斋。古里镇坞坵村人。自幼聪颖，曾隐于坞坵增福禅院发愤读书。明嘉靖二十年（1541）二甲第八名进士，授编修。时三吴地区遭倭患，又遇灾荒，百姓流离死亡几半，而地方官吏仍加紧征粮征款。严讷上书陈情，极言百姓困苦，得以免征。后入位西苑，撰"青词"，所作多称旨，超授翰林学士，历太常少卿、礼部尚书、

图60 严讷

吏部尚书、武英殿大学士，入参机务，掌铨政。任人唯贤，破格超擢人才，吏治一新。后患病乞归，孝养父母终天年。殁，赠少保，谥文靖。严讷善文章、书法，工花鸟画。有《严文靖公集》20卷。有四子：严治、严澄、严泽、严济。

顾玉柱（生卒年不详），字台卿，顾立的曾孙。明嘉靖十一年（1532）进士，先后任南京工部主事、北晋郎中转刑部、道州同知、山东按察副使，政绩卓著。顾玉柱性格伉直。时邑令沈宏彝以常熟土地肥沃贫瘠有差别，制定了三条计亩定税原则，豪猾之辈趁机谋利，为此，顾玉柱提议应根据实际情况量田摊税，亲自到田间丈量画出图纸，此举虽未尽善尽终，但以前的弊端得到很大的纠正。倭寇入侵时，顾玉柱首先捐资，倭寇临近城下时更身先士卒，散粟济民，坚守东南角。帮助邑令王鈇坚守白茆三丈浦。子顾耿光，字汝观，年轻时就性情豪爽，喜交友，精于治家，钻研史事，知县段然

委以勘荒鉴河重任后，日夜操劳，尽心职守，导致劳疾而终。

顾云程（1535—1608），字务远，号襟宇，古里均墩（琴东军墩村）人。早年接连丧亲，家中十多年未开过荤。家道殷实后，乐善好施。明万历五年（1577）丁丑年科得中3甲115名进士，先授定海令，未上任，后补淳安令，后顾云程调嘉兴，管辖秀水，治理盗贼，澄清冤狱，官府赋税视谷价上涨再征收，百姓称赞。后又调江西佥事，分巡九江。适逢饥荒，顾云程请示缓征赋税，从南方运粮减价出售，到秋收后再征税，郡县无人饿死。当时地方有强盗三千，聚会景德镇，头领叫蓝芳威，武举人出身的庄中丞命令顾云程讨伐，顾云程不动一兵一卒，凭口舌降服了蓝芳威，并自焚盗巢，躲进山中。此时，盗贼刘汝国作乱，顾云程又派人劝说蓝芳威，用后半生的功劳洗刷前半生的耻辱，蓝芳威到衙门负荆请罪，为国效死，不久果然平定了刘汝国作乱。后来蓝芳威出兵救援朝鲜，剿灭边境叛乱，战功赫赫，成了明代的名将。后调四川参政，又调山东，驻军霸州，政绩昭然。后顾云程提升南京太常寺卿，已近花甲。66岁告老还乡，家居7年寿终，年73岁。

顾大章（1576—1625）（图61），字伯钦，号尘客，古里均墩（琴东军墩村）人。通晓经术，熟稔掌故，从小就有经世效国的志向。明万历三十三年（1607），得中3甲16名进士，出任泉州推官，后改常州教授。父顾云程病逝，顾大章回乡守孝。孝满，入京补国子监博士，迁刑部主事。明天启元年（1621），进员外郎，署山东司事。顾大章刚正不阿，为阉党所妒。明天启元年（1621），顾大章以归第养病为由，回海虞（常熟）城里居住。杜门谢客，以诗文自娱，教诲儿子诵读诗书，阐发精义。明天启五年（1625）春，起官。历任礼部郎中、陕西副使，是年顾大章加入东林党，是著名的明代天启"六君子"之一。他在就义时写下了："故作风浪翻世态，常留日月照人心。"千古名言，铮铮铁骨，耿耿忠心，与天地共存，与日月同辉。乙丑年（1625）九月十四日，顾大章投环而卒，终年50岁。

图61 顾大章

钱谦益（1582—1664）（图62），字受之，号牧斋，晚号蒙叟、东涧老人。顾玉柱外孙。明万历进士，授翰林院编修，天启时典试浙江，转右春坊中允，参与修《神宗实录》。后为魏忠贤罗织东林党案牵连，削籍归里。明崇祯初，起为礼部右侍郎，兼翰林院侍读学士。适值会推阁员，温体仁、

图62 钱谦益

周延儒争权,钱谦益被抨击,再次削籍返家。明弘光时官至礼部尚书,迎合马士英、阮大铖,拥立福王。清兵南下,授内秘书院学士兼礼部右侍郎,旋即称病返里。传与抗清复明志士有交往。清顺治初,因江阴黄毓祺起义案牵连,被逮入狱,次年获释。自是息影居家,筑绛云楼以藏书检校著述。诗文在东南文坛颇负盛名,奉为"文宗"。钱谦益晚年时,曾隐居其白茆的别业红豆山庄十余载,在白茆撰有《蒙钞楞严经注疏》等书。清乾隆四十年(1775),钱氏著述被列为"悖妄著书人诗文",其已载入县志篇目均被删削。主要著作有《初学集》《有学集》《投笔集》《开国群雄事略集》《列朝诗集》《内典文藏》等。殁葬于虞山南麓。

柳如是(1618—1664)(图63),本姓杨,名爱。后改姓柳,名隐,又名是,字如是,号蘼芜君。又号河东君,吴江人,一说嘉兴人。原为吴江盛泽归家院名妓徐佛弟子,能诗文,善书画。因慕钱谦益文名,投名谒见,不久为钱谦益所纳,相得甚欢。明亡时,柳如是曾劝钱谦益自尽殉国,钱谦益不能从。柳如是晚年居白茆红豆山庄，曾支持黄毓祺、郑成功的反清复明斗争。钱谦益殁后不久，柳如是即自缢。墓在虞山南麓刘神浜底。著有《戊寅草》《柳如是诗》《湖上草》

图63 柳如是

《梅花百咏》《西山唱和集》《柳如是尺牍》等。

邱园（1616—1690），字屿雪，清代常熟人，因常年隐居坞坵山（位于古里镇坞坵村）而自号坞坵山人。据《中国文学家大辞典》及《海虞画苑略》等书介绍：邱园"善度曲，著新声"，纵情诗酒，放荡不羁。他的戏曲传奇作品有：《虎囊弹》《党人碑》《幻缘箱》《百福带》《岁寒松》《御袍恩》《闹勾栏》《一合相》《蜀鹃啼》等九种，以前三种较为著名。《海虞诗苑》称由邱园创作的"诸剧至今传遍江左。盖君于音律最精，分刌节度，累黍不差，梨园弟子畏服之。每至君里，心辄惴惴，恐一登场不免为周郎所顾也。"邱园不仅以戏曲创作为长，还善于书画，其画"泼墨浓重，自成一家"。

吴大烈（生卒年不详），又名湘，字晋高，号春帆，古里镇紫霞村里人。清乾隆年间邑学诸生，业医,善诗词。曾与邑中许淳、邹漪等成立著名文社吟社,常畅咏乡间,悠然自得。平时喜隐居,极少入城,为诸生,历30年始成明经。后寓居京城六七年,医名大著。归里后仍闭门读书,啸吟自乐。所作《赠夏意青》诗云:"瓶无侏儒米,囊无季子金。暮归北山麓,晓对西山岑。何以守固穷,日月事苦吟。君看松与柏,自有岁寒心。"著作有《虚舟吟稿》。

瞿绍基(1772—1836)(图64),字厚培,号荫棠。古里市镇人。父瞿屺堂,少有才名,家居课子甚严。常常请江仙洲、吴荆庭、邵荻香、王研山等宿儒上门授业。瞿绍基从小端重,诗文典雅有法,学成于游文书院。华石亭先生竭力推崇他。清乾隆五十八年(1793),学使胡文恪录入邑庠,岁科试,列高等,补廪生。后奉檄署阳湖县校官,很有名声。其后以母老不复求仕。父早殁,长兄多病,弟妹未婚嫁,瞿绍基操持家政,独任其劳,先意承志,曲尽孝道。同情疾苦,乐善好施。每遇农田欠收,减租平粜,绝不吝惜。清道光三年(1823),常熟大水,东乡一片汪洋,水面上到处漂浮

图64 瞿绍基

着尸棺，瞿绍基出资收尸800多具。道光十一年（1831）、十二年（1832）年间，江南暴雨成灾，苏北难民纷至沓来。是时，常熟设立了留养局，使他们免流离之苦，瞿绍基出资鼎力相助。接着，东乡小熟无收，瞿绍基号召有实力的亲戚，设会施粥，设男女两会，置锅10只，每锅烧3斗米粥，水火夫30人，隔夜煮粥，被施者不限地域，远近农民都来求粥，年老体弱者另外设地养之。瞿绍基修学堂、浚白茆塘、筑城造桥、施衣施药等善事，共用银数千两。瞿绍基乐善不倦，自奉谨约，有一裘三十年之风。瞿绍基唯好聚书，经史子集，亲自校勘，不下数万卷。在邑内藏书家中，瞿绍基鼎峙其间。瞿绍基生有一子，名镛，以好学能文世其家。

瞿镛（1794—1846）（图65），字子雍，古里镇人。父瞿绍基科读甚严，家塾有方，稍长入学，为岁贡生。曾署宝山县学训导，未几年，即辞归。受父熏陶，好读书，濡染家学，与父志趣无异。其知识广博，曾与邑中许多名师交往，与名儒黄廷鉴成为忘年契友。瞿镛以藏书为乐，广收江浙藏书名家流散宋金元精椠珍藏，有的是从古书商那里买来

图65　瞿镛

的，有的是瞿镛亲自到苏州一带捆载而回。有的是从典当行买来，有的是卖良田重价购进，他的恬裕斋藏书之富与天一阁并峙海内。瞿镛对尊彝古玩、金石文字无不精研，尝购得铁琴铜剑各一，"铁琴铜剑楼"便由此得名。瞿镛精于校勘，对版本目录、金石文字辨析精当。著有《续海虞文苑诗苑稿》《续金石萃编》《铁琴铜剑楼词稿》，还编有《恬裕斋藏书目录》。此外，还将收藏的几百枚印章上自秦汉，下迄金元明，依时代排列，编成一部学术价值极高的《集古印谱》。

刘德斋（1843—1912）（图66），俗名刘必振，号竹梧书屋侍者，常熟县古里村人。清咸丰十年（1860）因江南兵患，刘必振随父亲离开常熟到上海，途中与父失散，因刘家世代为天主教徒，遂直接进徐家汇天主教会。后入徐汇公学读书。清同治元年（1862）五月，入刚开办的徐家汇耶稣会初学院，随陆伯都神父学油画、雕塑。画馆毕业后一度曾任土山湾孤儿院图书馆主任，并兼任土山湾画馆老师、绘画部主任助理，不久代生病的陆伯都管理画馆。清光绪六年

图66 刘德斋

（1880）六月，陆伯都病逝，刘德斋遂接任馆长，开始主持绘画和雕塑工场的日常事务，并成为绘画部（土山湾画馆——被誉为中国西洋绘画的摇篮）中国近代西洋绘画的重要奠基人和传承者。

19世纪70年代至80年代，刘德斋为佘山教堂绘制了大幅油画《进教之佑圣母像》。此画模仿法国巴黎胜利之圣母像而作。这时期，他还为董家渡教堂画了许多油画，如《护守天神像》《依纳爵像》《圣纳像》和《德肋撒像》等。这些作品体现了耶稣事迹样式移植的一种传承关系。刘德斋的《中华圣母子像》则是一幅注入浓重的中国化色彩的代表性油画作品，是具有特殊意义的圣母子题材作品。著有小说《烛仇记》。

瞿启甲（1873—1940）（图67），字良士、良耜，古里市镇人。诚恳正直，五岁而孤，由祖母陶氏抚育，有义方之教。瞿良士克瓒前徽，兢兢世泽，著有《铁琴铜剑楼藏书续目》，搜访乡邦之文献，增积至几百种。清季端方开府两江，假枢府之意，讽献书阙下，以京官许骗瞿启甲，瞿启甲不为所动。苏州叶昌炽劝影钞

图67 瞿启甲

百种献之,其事方平息。瞿启甲乐善好施,扬瞿氏好德,捐资赈顺直水灾。例奖同知分发浙江,逾年即归。民国元年(1912),膺选众议院议员,于三吴水利叠有建议。曹锟贿选,瞿启甲却金南归。倡导筑低区12市圩堤渠田,受到常熟百姓称道。瞿启甲创设县立图书馆,尽出家藏邑人著述副本入馆。1924年,齐卢军阀交战,城乡大乱,瞿启甲深夜将书运出藏于上海。商务馆有续编古籍之意,瞿启甲继承旧志,尽出家藏,使成美事。一年后编成共70种,瞿氏家藏者过半,以后陆续编辑古籍,瞿启甲父子鼎力相助,直至抗战军兴,商务馆厂房再度被毁,才告终止。抗战时期,交通阻塞,瞿启甲避难洞庭东山。第二年,儿子们迎养上海。瞿启甲自经浩劫,蒿目时艰,多愁伤感,积郁成病,于1940年1月殁于沪寓,享年67岁。

瞿启甲弥留之际,遗言"书勿分散,不能守,则归之公"。瞿氏爱国献书的高风亮节,应始于瞿启甲。

陆宝树(1876—1940),字枝珊,别号醉樵。古里镇白茆人。幼承庭训,课读诗书。后受业于弇山张选甫,艺乃进。丙申府试,初覆第二,为清附贡生。曾任太仓州学正,未几赋归。丁酉戊戌之交,与同里陆维之、汪伯琛,弇山张选甫,玉峰顾表帮结成白社,从者数十家。有《茆桂题襟集》《桐荫唱和集》行世。为宣扬新学,培育后生,自资创办茆江小学，延聘语溪人曹纪常等任教，学者云集，桃李成行。后与俞鸥侣、钱南铁、蒋瘦石等共主虞社，文宗秦汉，诗法盛唐，一卷既出，风行海内，远达新加坡及台湾，神交遍方外。晚年喜填词，一生所作诗词不下千余首，尤以律诗为最。日军侵华，所藏书画，尽遭浩劫，幽愤填膺，复病，哀女之丧，郁郁而终。

朱懋昭（生卒年不详），字耘非，号琴川，清代古里镇人。据《常昭合志》载，其善医，用药只数味，而疗效甚佳，人称"朱八味"，因此名闻邑中。曾集其平生治病所得经验及实例，著成《医案》，后经江阴名医柳宝治编辑为《琴川医案》刊于世，为医界所珍视。

冯国鑫（1883—1920），字一范，号灵南。古里镇白茆人。同盟会员，南社社员。清光绪二十七年（1901）庠生。清宣统元年（1909）日本法政大学毕业；归国后，授法科举人，考取内阁中书，入大理院学习推事。民国初，任武进县检察厅长，升江苏省高等分厅监督检察官。1913年二次革命时，江苏都督程德全避入上海租界，黄兴委冯代理都督。后被通缉，北走黑龙江，任将军府秘书。民国六年（1917），复任职于浙江第一高等审判分厅，卒于任上。著《现行新刑律详解》《白苹香馆诗钞》等文集。

陆近仁（1904—1966）（图68），古里镇白茆

图68 陆近仁

人,昆虫学家。1926年,毕业于东吴大学生物系。1936年,陆近仁获美国康奈尔大学研究院哲学博士学位。曾任东吴大学、清华大学教授。新中国建立后,历任北京农业大学教授、副教务长、校长助理。中国民主同盟会盟员。长于鳞翅目分类及昆虫形态解剖。著有《鳞翅目编幼虫分科检索表》《中国螟蛾科昆虫名录》,合编有《普通昆虫学》。

陆宝麟(1916—)(图69),古里镇紫芙社区人,中国科学院资深院士,医学昆虫学家。1938年毕业于东吴大学生物系,1944年获清华大学研究院硕士学位,军事医学科学院微生物流行病研究所研究员。近50年来坚持不懈地系统研究了中国蚊虫的分类区系、生态习性、传病关系以及蚊虫的综合治理等。最突出的成就是中国蚊科昆虫分类的研究和媒介蚊虫的治理实践,主编有《中国蚊科志》。

图69 陆宝麟

吕祥逸（1920—1998），女，导演，古里镇白茆人。1937年，肄业于青岛山东大学。1939年，毕业于上海中法剧艺学校。1940年，赴广西桂林，在著名戏剧家欧阳予倩创办的广西省立艺术馆从事抗日表演艺术工作，曾先后主演了《国家至上》《愈打愈肥》《心防》《一年间》等剧。1950年，随夫周文骏参加两航起义。1954年，任教于上海戏剧学院表演系。1959年，参加广西艺术学院的创建工作，并任戏剧系负责人及导演教研室负责人。1963年任广西彩调剧团导演。导演的主要作品有《三朵小红花》《换枪》《补锅》《阮八姐》《借牛》等。1998年12月12日，在广西桂林病故。

陆祖荫（1926—1992），古里镇白茆人。实验核物理学家、研究员。1946年，毕业于西南联合大学物理系。1957年，通过我国首批副博士考试，是年被派赴前苏联进修两年。回国后历任国防科委核试验基地核物理测量和放化分析研究室主任、清华大学近代生物学及生物医学工程研究所所长、中国科学院高能研究所研究员等职。长期从事实验核物理研究工作，为我国核武器试验工作做了大量组织协调和实验领导工作。发表论文和提交工作报告60余篇，其中包括《为原子核科学研究用的原子核乳胶核-2、核-3制备方法》《湮灭技术研究大豆磷脂的相变及[Mg]++对其结构的影响》等。曾获国家科技进步一等奖、二等奖，国家发明二等奖、三等奖。1992年6月23日，在北京逝世，终年66岁。

第二节　客籍名人

古里镇人才辈出的同时，也曾吸引过许多知名人士前来游历、寓居。旧志记载，曾有矛丞相、南宋宰相贾似道死后墓葬于斯。范仲淹、海瑞、冯梦龙等众多文人，均先后驻足过古里。

图70　范仲淹

范仲淹（989—1052）（图70），字希文，汉族。苏州吴县（今苏州市）人。北宋杰出的思想家、政治家、文学家。

范仲淹幼年丧父，母亲改嫁长山朱氏，遂更名朱说。宋大中祥符八年（1015），范仲淹苦读及第，授广德军司理参军，迎母归养，改回本名。后历任兴化县令、秘阁校理、陈州通判、苏州知州等职。据《苏州府志》记载：宋景祐二年（1035），苏州知府范仲淹亲自督浚白茆塘，以疏导渚水，也是历史上首次疏浚白茆塘。庆历三年（1043），出任参知政事，上疏《答手诏条陈十事》，提出十项改革措施。庆历五年（1045），新政受挫，范仲淹被贬出京，历知邠州、邓州、杭州、青州。皇祐四年（1052），改知颍州，范仲淹扶疾上任，行至徐州,与世长辞,享年64岁。追赠兵部尚书、楚国公,谥号"文正",世称范文正公。

范仲淹政绩卓著,文学成就突出。他倡导的"先天下之忧而忧,后天下之乐而乐"思想和仁人志士节操,对后世影响深远。有《范文正公文集》传世。

海瑞(1514—1587)(图71),字汝贤,号刚峰,广东琼山(今属海南)人。明朝著名清官。隆庆二年(1569),苏南地区遭受了特大水灾,大批农房倒塌,农田颗粒无收。第二年,海瑞被升调右佥都御史,外放应天巡抚,来到江南。当他目睹昔日富庶的鱼米之乡,因为水灾变得民不聊生的惨状,当即上奏朝廷,请求兴利除害,整修白茆河、吴淞江等,使其通流入海。当时,苏南有很多贫苦百姓的土地被大户兼并,让海瑞十分憎恨。他一面治水,一面全力摧毁豪强势力,将被大户兼并的土地夺回来交还原主,百姓爱称他"海青天"。在古里至今还有《海瑞要开白茆塘》的民间传说故事,家喻户晓。

图71 海瑞

图72 冯梦龙

冯梦龙（1574—1646）（图72），明代文学家、思想家、戏曲家。字犹龙，又字子犹，号龙子犹、墨憨斋主人、顾曲散人、吴下词奴、姑苏词奴、前周柱史等。汉族，南直隶苏州府长洲县（今江苏省苏州市）人，出身士大夫家庭。兄梦桂，善画。弟梦熊，太学生，曾从冯梦龙治《春秋》，有诗传世。他们兄弟三人并称"吴下三冯"。据有关文献记载，冯梦龙曾经在常熟做过学官，并且和钱谦益是非常好的朋友，因此经常来古里白茆民间采集白茆山歌，在他辑录的《挂枝儿》《山歌》中，有很多内容都是白茆山歌。

郑成功（1624—1662）（图73），名森，表字明俨、大木，幼名福松，为东宁王朝的开国君王，钱谦益的学生。郑成功原为中国南明政权的大将军，因蒙南明绍宗赐明朝国姓朱，赐名成功，世称"国姓爷""郑赐姓""郑国姓""朱成功"，又因蒙南明昭宗封延平王，称"郑延平"。尊称

图73 郑成功

"延平郡王""开台尊王""开台圣王"等。清顺治二年（1645年）清军攻入江南，钱谦益和柳如是正好隐居在白茆的红豆山庄，并秘密联络郑成功、瞿式耜等从事反清复明大业。后来柳如是为了支持郑成功反清复明，将红豆山庄的藏书楼"花信楼"改名为"望海楼"，盼望郑成功的水师能早日获胜，夺回金陵，逐出清军。

瞿式耜（1590—1650）（图74），字起田，号稼轩、耘野，又号伯略，汉族，江苏常熟人，明末诗人、民族英雄，南明政治人物。祖父瞿景淳，官至礼部左侍郎，父瞿汝说，曾

图74　瞿式耜

任善膳司官员、湖南学政。拜钱谦益为师，万历四十四年（1616年）中进士，任吉安永丰知县，有德政。晚年经常和郑成功、黄宗羲秘密聚集在红豆山庄参加抗清活动，拥立桂王朱由榔，桂王以式耜为内阁大学士兼吏部右侍郎摄尚书事；驻守桂林，三次击退清军进攻。清顺治四年（1650），城破被捕，囚于桂林风洞山临时监狱，作《浩气吟》。42天后，永历四年闰十一月十七日（1651年1月8日）与张同敞在桂林风洞山仙鹤岭下就义，有绝命诗："从容待死与城亡，千古忠臣自主张。三百年吏恩

泽久，头丝犹带满天香。"

翁同龢（1830—1904）（图75），字叔平，号松禅，别署均斋、瓶笙、瓶庐居士、并眉居士等，别号天放闲人，晚号瓶庵居士，江苏常熟人，中国近代史上著名政治家、书法艺术家。历任户部、工部尚书、军机大臣兼总理各国事务衙门大臣。先后担任清同治、光绪两代帝师。他和铁琴铜剑楼有着深厚的感情，清同治年间两次造访铁琴铜剑楼，为《虹月归来图》题跋，发出了"假我二十年日力，当老于君家书库中矣"的感慨，并专门为铁琴铜剑楼题写"入我室皆端人正士，升此堂多古画奇书"。晚年，则经常到铁琴铜剑楼看书、查阅文献资料。

图75　翁同龢

第五章
坚守根脉显华彰

"书香琴声溪水绿，山歌唱和村间绕。渔舟暮归炊烟起，小桥流水梦画里。"古里把文化遗产视同珍宝。经过多年的保护和修缮，现在古里镇古镇区已成为典雅灵动并有着"书香"特色的江南水乡明珠。

古里镇注重依法保护文化遗产的理念，整治并去除影响历史特色的建筑物，在此基础上引入新的城镇开发和环境建设要素，促进历史环境在风貌上得到统一，在功能上得到提升，促使整个古里镇风貌古今融合。

2006年古里镇开始实施"文化名镇"战略，提出了以铁琴铜剑楼、李市古集镇为核心的两个"历史文化街区"作为古里镇划定的文保区域。近年来，通过对现存比较完好的铁琴铜剑楼、刘氏敦厚堂、继善堂、顾家老宅、陈家老宅、俞家老宅等古迹予以重点保护和修缮，以"书香文化""仁风古里"为传统文化节点,整合会道两侧建筑风格,恢复历史风貌,有侧重地在老镇区集中恢复"东湖书院""稼轩堂""文昌阁""仁风牌坊"等已消失的历史文化古迹,一个具有"书香"特色的水乡古镇逐步展现在世人眼前,一幅江南水墨画卷已徐徐展开。

第一节 文化街区魅姿秀

展望未来,古里镇将历史文化街区的景观依据自然人文特质有机融合到一起,集古民居、古书楼、古河道、古书院、古街道、古商铺等人文景观和水、榭、亭、阁等自然景色为一体,将自然、人文、历史、艺术巧妙地融合在一起,独具"书香"魅力。

一、铁琴铜剑历史文化街区"文化游"

新中国成立后,铁琴铜剑楼由国家接管。楼名最初为孙星衍所书,1982年李一氓先生重题楼额,并于1982年11月公布为县文物保护单位。1986年,省政府拨专款修缮一新,被列为市级文物保护单位。1991年,常熟市人民政府再度拨款修葺,楚图南先生再书楼额。于楼内用图文并茂的版面介绍、展览柜的实物介绍、当代书法名家的墨迹介绍,反映该楼旧藏面貌,褒扬瞿氏世代爱书、藏书、护

图76 瞿氏大宅

书、献书的事迹和对祖国文化事业做出的巨大贡献，命名为"铁琴铜剑楼纪念馆"，于1991年12月5日正式对外开放。2006年底，古里镇人民政府第四次修缮铁琴铜剑楼，并重建了瞿氏大宅（图76）建筑群，以褒扬瞿氏传承的优秀文化思想和爱国主义精神。经过两年多的建设，全部工程竣工，2009年5月正式对外开放。

铁琴铜剑楼纪念馆 即重建的瞿氏大宅，分三进。第一进"琴剑流芳"，介绍了五代楼主的藏书创始过程；第二进"履庆堂"，展示了五代楼主藏书、护书、刻书、献书的艰辛经历；第三进展示

图77 铁琴铜剑楼纪念馆

了常熟的藏书史，充分展现常熟作为历史文化名城的风貌特征。（图77）

徽州会馆 原在城区南门外西庄街66号，清乾隆六十年（1795），由在常熟经商的徽州人集资购地而建。1982年11月，公布为县级文物保护单位，2007年整体搬迁至古里镇铁琴铜剑历史文化街区。

东湖书院 2012年，重建于铁琴铜剑历史文化街区，共四进。东湖书院传说初为明弘治间道院三官堂所改的社学，后于明正德年间拓建而成，废于清末。重建后的东湖书院将开设国学讲堂，传递书香文脉，开启智慧心房，培育有志学子。

二、李市历史文化街区"民俗游"

2014年3月，古里镇被公布为第六批中国历史文化名镇，李市被列入第二批中国传统村落名录。李市历史文化街区保护范围沿南北走向的市河和李市大街，西至李市老西街，东至李市老东街区段，包含街区内优秀历史建筑以及年代久远的河流水系、街巷、驳岸等历史要素。经过保护、修缮、复建后，将有如下景点：

中药博物馆 李市历史上有名的中药店很多，因此选择保护较好的陈家古宅，布置成具有传统特色的中药博物馆，充分展示我国中药的独特魅力。

民俗博物馆 沈宅建筑古老而别致，加以修缮改建成具有江南水乡农耕特色的民俗博物馆，使游客可以体验和感知江南传统农耕文化的内涵。

李市酒坊 在古代，李市几乎家家都要自己酿酒，而且酿制的酒特别可口香醇，其中最有名的是朱家配制的"宫桂"牌黄酒，远近闻名。在对李市大街修缮过程中，选两处古宅改造成李市酒坊，香醇迎宾客。

时令小吃店 李市的青团子、各类糕点、粽子等，都是远近闻名的时令小吃，在对李市大街修缮过程中，专门选一古宅，作为时令小吃店进行合理修复，使广大游客可以及时购买品尝。

三、红豆山庄"民俗特色爱情游"

红豆山庄风景区地处常熟市古里镇芙蓉村，2011年开工建设，景区立足山庄历史文化和钱谦益、柳如是的爱情故事以及红豆树等主题，以红豆山庄、增福禅寺、白茆山歌馆等作为景区标志性景观节点，重塑半野堂、我闻室、芙蓉舫、胎仙阁、如是轩、朝云轩等景点历史遗韵。

白茆山歌馆 位于红豆山庄景区内北侧，主要包括白茆山歌展览厅、白茆山歌研究室、室内山歌剧场和室外山歌剧场，主要用于立体展示国家级非物质文化遗产——白茆山歌的历史风采，开展白茆山歌的创作研究以及表演赏析。

钱柳情感主题游览区　这里有钱柳纪念馆和有着470多年历史的红豆树，可以了解钱柳的传奇爱情故事，领略古老红豆树的沧桑历史，感悟"红豆生南国，春来发几枝？愿君多采撷，此物最相思"的浪漫意境。

白茆山歌文化游览区　白茆山歌馆和室外山歌剧场，可以了解白茆山歌的传承历史，领略国家级非物质文化遗产天籁之音的魅力，观看山歌专场演出，还可以和著名山歌手们学唱山歌。

爱情文化主题游览区　一片红豆树林，象征着一生一世的爱情。年轻的情侣们可以驻足于此，认领一棵红豆树作为爱情树，每年都可来此浇灌呵护，使他们的爱情和红豆树一样，相思不断，守护一生。

佛教文化游览区　增福禅寺历史悠久，大雄宝殿、藏经阁、悟音楼、财神殿、长寿桥等，古朴庄严、重叠雄伟，是礼佛、许愿的理想殿堂。

婚庆文化游览区　除增福禅寺外，其它景区都可作为婚庆文化拍摄、游览的理想场所。

旅游服务区　提供交通集散、餐饮购物、住宿安排、休闲游乐、文化体验和演艺活动等综合服务。

第二节　古刹梵音声渺渺

古里的寺庙古刹历史悠久、香信浓重、远近闻名。

图78 春风杨柳婆姿影

一、增福禅寺

增福禅寺位于境内白茆南郊,由于战乱兵燹圮废多年,当地政府于2000年12月24日在芙蓉村红豆山庄东侧进行重建增福禅寺奠基仪式,2003年正式落成并开光。

重建后的增福禅寺,寺院设计精致、气势雄伟,建有大雄宝殿、观音殿、天王殿、玉佛殿、功德堂、藏经楼、月下老人祠以及普积厨、斋堂、素菜馆、餐厅、贵宾室、小卖部等殿堂设施,寺内外还配置有牌楼、拱桥、曲桥、水榭、六角亭等景点,并广种树木花草,交相辉映,与红豆山庄珠联璧合,相得益彰。(图78)

二、净心院

净心院位于古里镇陈塘陈张村。1992年,由兴福寺果觉法师发起，金保清、张友良、瞿关林、徐祥祥等12人成立念佛小组，恢复佛事活动并筹建念佛堂。1995年，经申请，市民族宗教事务局批准为淼泉佛教活动点，更名为"净心院"。净心院大雄宝殿于2000年建成，2002年11月16日举行佛像开光仪式。江苏省佛教协会会长、镇江焦山寺方丈茗山大和尚题写院名并留下数幅墨宝，苏州寒山寺方丈性空法师亲临指导并留下墨宝。至2010年，净心院已建有天王殿、大雄宝殿、观音殿、地藏殿、伽蓝殿、念佛堂、讲堂、大觉桥、放生池、绕念场、大食堂及拥有28间住房的两幢宿舍楼。

净心院香火鼎盛，佛事频繁。佛事活动按照苏州灵岩山寺净土法门仪规，如法如仪。1998年获评苏州市佛教工作先进集体。

三、龙旋寺

龙旋寺，位于古里镇高长村帝藏（堂）头，2010年4月，经常熟市政府批准，镇政府在原址奠基重建龙旋寺，两年后竣工。2012年12月15日，举行了隆重的佛像开光仪式，常熟市政协副主席、市委统战部部长王永明，江苏省佛教协会副会长、苏州市佛教协会会长普仁参加了仪式。重建的龙旋寺由南京建筑设计院设计，常熟古建筑公司施工，寺院为仿明清建筑，飞檐翘角，古朴典雅，黄墙黛瓦，气势宏大。寺前建牌坊，牌坊正面"御龙旋隐"四个大字由国家佛教协会主席赵朴初生前所书。牌坊后面是帝藏石拱桥，桥前是照壁，正面为赵朴初所书《波罗蜜多心经》全文，背面是一条神采飞扬的蟠龙。山门上"龙旋寺"三个大字由中国书法家协会副主席言恭达所书。前殿为天王殿，中殿为大雄宝殿，大雄宝殿两侧分别是观音殿、地藏殿、伽蓝殿、财神殿。后面是藏经阁、念佛堂及生活办公区。为顾及乡民道教信仰，在西北隅建有神庙区。神庙区为"回"字形建筑，东为文昌殿，南为财神殿，西为总管殿，北为祖师殿。（图79）

图79 龙旋寺

第三节 工业农耕翼双飞

近年来，古里镇加快推进"工业化、信息化、城镇化、农业现代化"四化同步发展，全镇经济和社会事业呈现持续健康的发展态势。服装针纺、有色金属、医疗医药、轻工机械四大板块经济并驾齐驱,"波司登"防寒服已成为世界级名牌。特色高效农业成效显著,生态绿色大米脍炙人口。

一、波司登工业生产观光游

波司登股份有限公司是亚洲规模最大,技术最先进,集科研、设计、生产、加工、销售为一体的羽绒服装生产基地,是中国服装领域唯一一个世界名牌。波司登工业园占地总面积达47万平方米,气势恢宏,拥有单体建筑面积最大的羽绒服缝制车间、国内一流水平的羽绒服装加工工艺、琳琅满目的产品展示厅。2005年波司登工业园被评为国家级工业旅游示范区。享誉海内外的品牌形象和独步国内同行的旅游资源交相辉映,

图80　波司登股份有限公司

浓厚的现代企业氛围与旖旎的江南田园风光完美交融，成为古里镇独具工业旅游魅力的重要景点，吸引着大量海内外游客前来游览观光，已经成为旅游业和工业融合发展的成功范例。（图80）

二、农耕文化特色游

坞坵万亩优质稻米基地　坞坵万亩优质稻米基地成立于2002年，为国家标准化农业示范基地、国

图81　坞坵万亩优质稻米基地

家级优质水稻标准化示范区。总面积1.5万亩,集中连片规模5800亩,为开展现代农业游提供了绝佳观赏处。(图81)

田娘农场 田娘农场是一家规模化、标准化、专业化的以生态农业和循环经济为支柱的家庭农场,是中国农村经营体制改革的一面旗帜。国务院总理李克强曾亲临视察,称"土地也能产黄金",对于田娘农场的发展给予了充分的肯定。

李市现代渔业示范园区 总规划面积1.2万亩,核心面积2500亩,通过建设管理服务中心、投入品配送中心、渔民培训中心等服务设施,成为集生产养殖区、管理服务区、休闲垂钓区等为一体的多功能、综合性的现代高效渔业标准化示范园区。

康博村 社会主义新农村的典范。自1999年8月开始,波司登公司总裁、村党委书记高德康

图82 第62届世界小姐走进中国十佳小康村——康博村

拿出了政府给他个人的奖励金，兴建现代化庭院式农民别墅。一排排红瓦白墙的庭院式别墅，波光粼粼的人工湖畔，绿树成荫，小桥流水，亭台水榭点缀其间，令人心旷神怡。康博村两个文明建设取得了丰硕成果，先后荣获"中国十佳小康村""中国十佳魅力乡村""国家级生态村"等称号。（图82）

苏家尖村　据卢镇《琴川志》载，始建于宋末元初之际，位于赛马港、长亳塘、珍门泾、大陆泾四河汇集处，成不规则状四角相对，珍门泾与长亳塘夹角最小，呈尖刀形向西坐于市河之中，居民苏氏据首，故名"苏家尖"。它是省首批三星级康居乡村，近年来通过一系列的综合整治，再现了小桥、流水、人家，粉墙黛瓦的江南水乡特色的农民幸福新家园。（图83）

图83　江苏省首批三星级康居乡村——苏家尖村

三、古里镇自驾游

"书香巷深庭院幽,山歌红豆踏景游。古村回眸识朴俗,时代乡村迷恋留。"古里镇的旅游路线正在科学规划中,且非常适合自驾游,自驾游路线为:

由古里镇铁琴铜剑楼历史文区化街区起,经苏家尖村——坞坵万亩优质稻米基地——田娘农场——李市古村落——康博村——波司登股份有限公司——红豆山庄形成环线。

参考书目

1. 《古里镇志》，上海社会科学院出版社，2003年12月第1版，《古里镇志》编纂委员会编。

2. 《白茆镇志》，江苏人民出版社，2002年4月第1版，《白茆镇志》编纂委员会编。

3. 《淼泉镇志》，立信会计出版社，2000年10月第1版，《淼泉镇志》编纂委员会编。

4. 《重修常昭合志》，上海社会科学院出版社，2002年5月第1版，常熟市地方志编纂委员会办公室标校。

5. 《铁证如山》，中共党史出版社，2010年1月第1版，中共常熟市委党史工作办公室编。

6. 《常熟市志》，上海人民出版社，1990年11月第1版，常熟地方志编纂委员会编。

7. 《常熟乡镇旧志集成》，广陵书社，2007年8月第1版，沈秋农、曹培根主编。

后　记

本书是一本通俗读物、休闲读物，它不同于一般的学术著作。我们力图运用通俗易懂、生动活泼的语言，全面介绍古里镇的精彩之处，引领读者前往旅游观光。在那里可游、可看、可怀古、可探幽，可选购富有特色的物产，也可领略当地的民俗风情。

此书的编写，得到了江苏省文化厅、江苏省文物局、江苏人民出版社、江苏省文化艺术研究院、古里镇党委、政府及相关部门的支持和指导；陈国栋、赵斌、陈建青、顾小燕、钱英杰、吴俊等同志负责本书的统筹工作；管世俊、马晓平为本书统稿；书中引用了部分已经出版或发表过的关于当地历史、文化、艺术、科学的专著、志书、文章的相关资料；我们还得到了其他热心宣传精彩江苏、精彩古里的相关群体和个人的大力支持，在此一并表示诚挚的谢意。

由于编者水平所限，加之时间较为紧迫，书中难免会出现疏漏和不足，敬请读者批评指正。

编 者

2018年5月